ちくま新書

ルポ 技能実習生

澤田晃宏
Sawada Akihiro

1496

ルポ **技能実習生**【目次】

序章　ベトナム人技能実習生になりたい

✝ニッポンの高卒

令和の始まりをまたぎ、同世代の高卒男子が建てた家を二つ見た。

一つ目は、二〇一九年四月に埼玉県さいたま市で、会社員（二七歳）が建てた家。二つ目は、六月にベトナム北部のバクザン省ルックナム県で、技能実習生（二六歳）が建てた家。いずれも建坪二〇坪ほどの一軒家だが、その風景はまったく違って見えた。

「成り上がりたい」

一つ目の家の主である会社員の男性が話した言葉を、よく覚えている。その言葉に、大きな違和感を覚えたからだ。

男性とは、筆者が編集長を務める「高卒進路」(ハリアー研究所刊)の取材で出会った。同誌は進路多様校(就職者が一定数以上在籍する高校)に向けた進路情報誌で、全国約四〇〇〇校の進路指導担当者向けに配布しているフリーペーパーだ。高校卒業後に就職を選択した学生のその後に迫る企画で、その「成功例」として男性と出会った。

男性は、埼玉県の県立高校を卒業後、東証一部上場の鉄鋼メーカーに就職。男性は高校時代、野球部の活動に明け暮れ、三年ではキャプテンとしてチームをまとめた。勉強は苦手だったが、大学でも野球を続けたいと考えていた。

「お前だったらそれなりの大学で活躍できる力はあるから」

野球部の監督も、大学で野球を続けることを応援してくれた。

高校最後の夏が終わり、親に説明した。鉄鋼所に勤める父と、専業主婦の母。

「金銭的に無理だ」

親の言葉に、ただ頷いた。筆者は就職する高校生の取材を続けているが、男性のように親の経済的事由で進学を断念し、就職する若者は少なくとも高卒就職者の三割を占める。

男性は、負けん気が強い。就職するとなったら、一番に決めてやる――。

「三年間休まず、一生懸命に野球の練習に取り組めたお前なら、ルーティン化されたことを続ける製造業でも頑張れるんじゃないか」

男性は、進路担当教諭に勧められた東証一部上場の鉄鋼メーカーへの就職を決めた。決め手は、その会社に野球部があることだった。

男性は毎日八時間、工場で鉄の板と向き合う。勤務時間が三シフトあり、夜勤のときは二三時半からの勤務になる。休憩時間には缶コーヒーを買って、タバコを吸う。

男性は、友人の紹介で知り合った女性と二五歳で結婚。二七歳で三五年の住宅ローンを組んだ。三〇〇〇万円を借り入れ、車が二台停められる二階建ての一軒家を建てた。

現在、年収は五〇〇万円を超える。高校生の就職で、二〇代で年収が五〇〇万円を超えるのは、相当稀だ。確かに、高卒就職の「成功例」と言えるだろう。

ただ、生き急いでいるようにも見えた。男性には、すでに二人の子どもがいる。休みの日は子育てに追われる。子どもが寝静まった後、自宅の駐車場で野球の素振りをすることが、何よりもの楽しみだと話していた。人生一〇〇年時代とも、晩婚時代とも言われる。

「もう少し、自分のためだけに時間を使ってもよかったのではないか」

そう、質問した時だった。男性が「成り上がりたい」と答えたのは。言葉の真意が掴めず、筆者は「お金を貯めて、自分でビジネスを始める予定でもあるのか？」と聞き返した。

男性は、こう答えた。

「金銭的なものに興味はないんです。男として、一人の人間として、同じことをずっと続ける大変さだとか、一人の女性を愛することというか……。つらいこともありますけど、忍耐強く、プライドを持って生きていたい」

成り上がりと呼ぶには、あまりに実直で、健気な夢だった。

†三年で家が建つ

その約二か月後、文字通りの「成り上がり」を見た。

筆者は、ベトナム東北部に位置するバクザン省ルックナム県のクォアンハイという小さな村にいた。ひと際目立つその家は、にわとりが我が物顔で歩く、ぬかるんだ道の先にあった。ベトナムの地方で見る戸建て住宅は、靴置き場のようなものはなく、観音開きの玄関を開けるとすぐにダイニングルームが広がっている。訪れた時は、そこで、大阪の食品製造会社の技能実習生として働くグエン・ヴァン・ロイさん（二四歳）が、家族と食事をしている最中だった。床に敷いた敷物の上に食事を並べ、それをみんなで囲んで座りながら食べる。ベトナムの地方で見られる一般的なスタイルだ。

ロイさんは三年間の技能実習を終え、一時帰国している最中だった。明日、ハノイに移動し、明後日、ノイバイ国際空港（ハノイ市）から日本に向かうという。ロイさんは言った。

「残業も多く、手取りは一七万円あります。もう少し、稼ぎたいです」

生活費として三万円。残る一四万円は毎月、仕送りしてきた。その間に、約三〇〇万円の自宅借金は完済した。ロイさんは再び日本に渡り、二年間の技能実習を続ける。最長三年間だった技能実習は、二〇一七年一一月から最長五年に拡大されている。

ロイさんのほかに食事を囲むのは、両親と、同じ技能実習生として日本で知り合った彼女だ。大阪で技能実習生をしていた二人は、電車内で声を掛け合い、地元が同じことだったことから、急速に距離を縮めたという。

ロイさんの自宅

この場にはいなかったが、ロイさんの姉も技能実習生として名古屋の会社で車のドアフレームの検査をしている。さらには、その姉の旦那も元技能実習生だという。

そんな息子たちが働く日本からやってきた筆者は、当然、大歓迎だった。

茶碗には山盛りのごはん。そして、父親のタンさん（五一歳）が

ロイさん（右から２人目）の家族とロイさんの彼女（右）

ボトルを掲げ、筆者に目配せをする。ビールではなく、コメ焼酎。ショットグラスに入れて乾杯し、それを一気に飲み干す。この繰り返し。

「こんな立派な家を建てて、かわいい彼女も連れてきて、お父さんは幸せ者ですね」

通訳を通して伝えると、にっこり笑って、またお酒をついできた。

しばらくすると、親せきの家に挨拶回りにいくと、ロイさんと彼女が席を立った。ホンダのバイクの後部座席に彼女を座らせ、颯爽《さっそう》と家を離れていく。親せきの家を回っても、彼は「成功者」として暖かく出迎えられるだろう。

幸せな若いカップルの背中を目で追うと同時に、猛烈な感情が込みあがってくる。それが何かに気づくのに、それほど時間はかからなかった。

嫉妬だ。筆者は未婚の三八歳。常々、親孝行したいとは思っているが、フリーの物書きという不安定な仕事を続けているせいだが、いつも自分の生活で精いっぱいだ。ろくに親の生活を助けることもできなければ、四〇歳を前にして孫の顔を見せることもできない。

ところが、この技能実習生はどうだ。弱冠二四歳にして家を建て、素敵な彼女を連れて帰ってくる。完璧じゃないか。しかも、さいたまで見た三五年ローンの家じゃない。三年で家が建つのだ。まだ働きたいって、今度は何を始めようって言うんだよ……。

お酒が入っていたせいもあり、感情が乱れた。食品製造業の技能実習と言っても、お弁当にお惣菜をつめたりするだけの簡単な仕事じゃないか。なんで、それで家が建ったり、奥さんを迎えられたりするんだ。

心を落ち着かせようと、山盛りのごはんにがっついた。茶碗やおかずを盛った皿には、少なくない数のはえが群がっている。ベトナムの田舎、衛生レベルはまだまだ低い。執拗に手で払うのも失礼だ。郷に入っては郷に従え。かまうものか。はえごと白飯を掻き込んだ。

「お父さん、また息子が旅立って、寂しいですね」

通訳を通し、お父さんに尋ねる。

「そうだな。三年で帰ってきて欲しかった。今度は、孫の顔が見たい」

神戸生まれの筆者は思わず「欲しがるねぇ」と、関西弁で突っ込んだ。「俺も技能実習生になりたいわ」とこぼすと、通訳は意図を摑めず、ただ笑っていた。

†夢の国ニッポン

帰国すると、日本は「老後の二〇〇〇万円問題」で揺れていた。

金融庁がまとめた報告書は、老後資金が公的年金以外で二〇〇〇万円不足するとしていた。政府は「世間に著しい不安を与えた」とし、報告書を撤回した。しかし、可視化された不安は、高齢者だけではなく、若者にまで広がった。ベトナムの技能実習生のように、短期間の出稼ぎで一攫千金を稼ぐチャンスは日本にはない。働き方改革で、残業時間にも大きな制限が入ろうとしている。

ただ、仮にそうしたチャンスがあっても、飛びつく若者は少ないかもしれない。取材を通し、技能実習生の大半が地方農村部の高卒の若者であると知ることになるが、日本の高校生が同じ野望を持つだろうか。筆者は日本の高校生の就職をウォッチし続けているが、求人広告も様変わりしている。

「年間休日一二〇日以上」

「有給消化率一〇〇％」

そんな言葉が、今の高校生にとって魅力なのだ。現在の高校生のことを理解している企業は、間違っても求人票に「能力次第でどんどん稼げます！」などといった誘い文句は入れない。

バブル崩壊から始まった「失われた一〇年」が、二〇年、三〇年と続く日本しか知らない現在の高校生は、堅実で、保守的だ。デフレが進み、そこそこの品質のサービスやモノが、そこそこの価格で手に入る。適度に快適であればそれで良く、上昇志向も強くはない。若者の数自体も減る一方で、日本社会からはどんどん活力が奪われている。

一方、そんな日本を「夢の国」と信じ、一攫千金に目をぎらつかせ、アジアから日本を目指す技能実習生たち。この奇妙な時代の記録を、残しておきたいと思った。

一記者として接した平成の終わりは、閉塞感に包まれていた。政治は世襲政治家の家業となり、天下国家が語られることもなく、保身に終始している。学歴の連鎖や非正規雇用の拡大による格差拡大は限界まで達し、それが、悲惨な殺人事件や児童虐待など、歪《いびつ》な形で現れている。超高齢化社会への処方箋はなく、今や殺人事件の半分は家族間になった。

そんな希望なき時代を記者として走り回るなかで、技能実習生の姿は痛快だった。田舎の貧しい農家の子どもたちでも、階層を逆転するチャンスがある。日本の技能実習制度という、複雑怪奇な制度によって。

†技能実習制度の目的は国際貢献

技能実習制度とは何なのか。

「外国人の技能実習の適正な実施及び技能実習生の保護に関する法律」（本書では以降、技能実習法と表記する）には、その目的がこう書かれている。

「人材育成を通じた開発途上地域等への技能、技術又は知識の移転による国際協力を推進することを目的とする」（第一条）

教科書通りに説明をすると、開発途上国に日本で学んだ技能や知識を持ち帰り、それを母国で生かしてもらおうという「国際貢献」を目的とする制度だ。この制度を利用して日本に在留する外国人を技能実習生と呼ぶ。本書では以降、実習生と表記する。彼らの在留資格は「技能実習」で、技能実習1号（入国から一年目）、技能実習2号（二年目〜三年目）、技能実習3号（四年目〜五年目）に分かれ、最大五年間の滞在が認められている。

在留資格とは、日本に滞在し、活動するための資格だ。日本に滞在する外国人は、いずれかの在留資格を持っている。二〇一九年に単純労働分野で働く外国人の在留を認める「特定技能」が新設され、在留資格は現在二九種類ある。

在留資格とビザ（査証）が混同されることも多々あるが、ビザは来日を希望する外国人の自国の日本国大使館、または領事館が、その外国人のパスポートを「有効」と認め、入国することに支障がないと「推薦」する意味で発給する証書のことだ。英コンサルティング会社のヘンリー・アンド・パートナーズの調査によれば、日本人は世界一九一の国と地域にビザなしで入国できる「世界最強」のパスポートを持っている。そのため、見たことのない人が多いかもしれないが、ビザはパスポートに貼り付けられるステッカーのようなものだ。あくまで入国許可申請に必要な書類の一部で、自国で発給されたビザを持っていても、入国審査場（イミグレーション）で入国審査官に入国を拒否されるケースはある。

在留外国人の数（在留資格別）
（令和元年末時点）

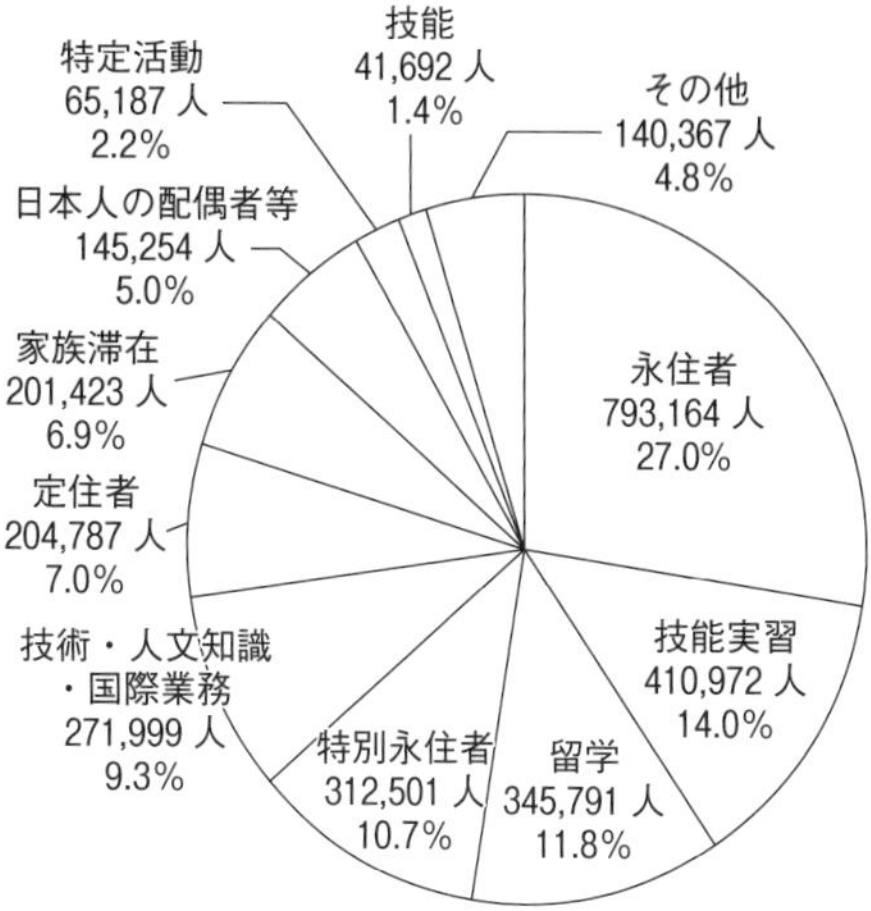

この在留資格「技能実習」で滞在する外国人は四一万九七二人いる（二〇一九年末時点）。二〇一四年末時点では一六万七六二六人だから、たった五年で二倍以上に増えたことになる。

国内の外国人を在留資格別に見ると、実習生は全体の一四％で、トップの永住者（二七・〇％）に次いで多い。

実習生を含む国内の外国人労働者数は二〇一九年一〇月末時点で約一六六万人と、二〇〇七年に外国人雇用の届け出が義務化されて以降、過去最高を記録し続けている。

二〇〇八年一〇月末時点での外国人労働者数は約四九万人で、この約一〇年間で三倍以上に増えている。数字を押し上げている大きな要因の一つが実習生であることは間違いない。

なぜ、実習生が増加しているのか。日本企業の国際貢献への機運が高まっているのか。そんなことはない。人手が欲しいからだ。

技能実習法には「技能実習は、労働力の需給の調整の手段として行われてはならない」(第三条第二項)と記されているが、実態はまさに「労働力の需給の調整の手段としての技能実習制度」が機能している。実習生にも「技能実習に専念することにより、技能等の修得等をし、本国への技能等の移転に努めなければならない」(第六条)と、その責務が明記されているが、大半は出稼ぎ目的だ。詳しくは第二章に譲るが、制度の目的通り、日本で学んだ技術や知識を母国に移転する実習生を見つけるのは難しい。

†原型は大企業の社員教育

技能実習制度はどのように始まったのだろうか。

技能実習制度を支援する国際研修協力機構(通称JITCO)は、技能実習制度について「一九六〇代後半頃から海外の現地法人などの社員教育として行われていた研修制度が評価され、これを原型として一九九三年に制度化されたもの」と説明している。このJITCOは一九九一年に法務省、外務省、厚生労働省、経済産業省、国土交通省の共同管轄で設立された財団法人で、技能実習制度の促進、実務面のサポートをする組織だ。二〇一七年に施行された技能実習法により外国人技能実習機構が設立されるまでは、ＪＩＴＣＯが技能実習の巡回指導を行っていた。現在では新たに特定技能の実務面のサポートも実施するなど、外国人労働者雇用の大きな役割を担い続けている。本書でも何度か登場するが、業界関係者の間では「ジツコ」の愛称で知られるため、以降はジツコと表記する。

そのジツコが指摘するように、企業の海外進出が始まるようになった一九六〇年代後半から、海外の現地法人で働く人材の育成などを目的に、外国人の受け入れが始まった。大手企業が現地法人の社員を育成するために国内工場で研修をして、技術を習得させた上で現地法人に戻すという技能実習制度本来の目的である技術移転が行われていた。

ただ、ジツコが説明するように、大企業の社員教育を原型として技能実習制度が制度化されたかどうかは疑わしい。一九八一年の出入国管理及び難民認定法（以下、入管法）の改正により、海外に支店や関連会社のある企業が外国人研修生を一年間受け入れる研修制度が設けられ、一九八九年の入管法の改正では独立した在留資格「研修」に格上げされている。その活動は「本邦の公私の機関により受け入れられて行う技術、技能または知識の習得をする活動」とした。

当時はバブル景気による労働力不足で、観光目的で入国し、オーバーステイして働く外国人が人手不足を支えているような状況だった。翌一九九〇年には中小企業での研修生の受け入れを認める「団体監理型」が導入され、受け入れ条件が緩和されている。当時から研修とは名ばかりだったのだろう。当時の新聞をめくると、例えば、こんな記事が見つかる。

「改正入管法が一日施行　「研修」拡大、人手確保へ柔軟解釈」と題された記事（毎日新聞・一九九〇年六月一〇日朝刊）には、こんな指摘がある。

「「きたない」「きつい」「危険」の3K業界では求人難の中、外国人労働者に代わる人手の確保が難しい情勢だ。そこで浮上してきたのが「技術・技能研修生の受け入れ拡大案」。産業界の強い要請を受け、政府・自民党は受け入れ基準を緩和、中小企業などへの「研修生」導入の道を開いた。しかし技術・技能習得を目的とした研修を人手不足対策に利用することに対する疑問も出ている」

†制度創設は一九九三年

中小企業での研修が認められたものの、研修は在留期間が一年しか認められず、受け入れ側の不満は大きかった。研修目的で人材を受け入れたわけではない。人材不足を補う人材が一年でいなくなっては困るのだ。そうして、一九九三年に誕生したのが「技能実習制度」である。

一年間の研修に加え、在留資格「特定活動」として技能実習を一年間、合計二年間の在留が認められるようになった。一九九七年には技能実習が二年間に延長され、研修期間と合わせ在留期間が三年に拡大された。

しかし、低賃金などの劣悪な労働環境が問題となり、二〇一〇年には在留資格「技能実習」が創設され、労働関係法令が適用されるようになる。それでも、実習生の人権が十分に守られているとは言えず、二〇一六年に技能実習法が成立した（施行は二〇一七年一一月）。法務省と厚生労働省が所管する外国人技能実習機構が新設され、監理団体を許可制にするなど、実習生の保護強化が大きな目的だった。この技能実習法の施行前後で、「旧技能実習制度」、「新技能実習制度」と言い分けることもある。本書が扱うのは後者だ。

ただ、労働者保護が強化されたと同時に、実習期間が三年から五年に拡大され、受け入れ職種も拡大していることも見落としてはならない。技能実習制度の創設時には対象職種が金属プレス加工など一七職種に限られていたが、現在は八二職種（一四六作業）が対象だ（令和二年二月二五日時点）。電子機器や食品加工など、途上国には存在しない職種もある。そうした技術をどうして移転できると言うのだろうか。詳しくは本文に譲るが、技能実習制度は中小零細企業による団体監理型の実習が全体の九五％を超えている。国際貢献を目的に実習生を受け入れる余裕のある中小零細企業がそれだけあるとは到底思えない。

業）

作業名
巻締
処理加工
製造
乾製品製造
加工品製造
製品製造
品製造
品製造
食品製造
ぽこ製品製造
部分肉製造
・ソーセージ・ベーコン製造
製造
菜加工
物漬物製造
・福祉施設給食製造

作業）

作業名
工程
工程
工程
ん糸工程
工程
工程
工程
染
・ニット浸染
製造
みニット製造
編ニット生地製造
子供既製服縫製
既製服製造
類製造
製作
ゅうたん製造
テッドカーペット製造
ドルパンチカーペット製造
製品製造
シャツ製造
車シート縫製

作業）

作業名
鋳物鋳造
金属鋳物鋳造
マ型鍛造
ス型鍛造
トチャンバダイカスト
ールドチャンバダイカスト
旋盤
イス盤
制御旋盤
ニングセンタ

6　機械・金属関係（続き）

職種名	作業名
金属プレス加工	金属プレス
鉄　工	構造物鉄工
工場板金	機械板金
めっき	電気めっき
	溶融亜鉛めっき
アルミニウム陽極酸化処理	陽極酸化処理
仕上げ	治工具仕上げ
	金型仕上げ
	機械組立仕上げ
機械検査	機械検査
機械保全	機械系保全
電子機器組立て	電子機器組立て
電気機器組立て	回転電機組立て
	変圧器組立て
	配電盤・制御盤組立て
	開閉制御器具組立て
	回転電機巻線製作
プリント配線板製造	プリント配線板設計
	プリント配線板製造

7　その他（16 職種 28 作業）

職種名	作業名
家具製作	家具手加工
印　刷	オフセット印刷
製　本	製　本
プラスチック成形	圧縮成形
	射出成形
	インフレーション成形
	ブロー成形
強化プラスチック成形	手積み積層成形
塗　装	建築塗装
	金属塗装
	鋼橋塗装
	噴霧塗装
溶　接●	手溶接
	半自動溶接
工業包装	工業包装
紙器・段ボール箱製造	印刷箱打抜き
	印刷箱製箱
	貼箱製造
	段ボール箱製造
陶磁器工業製品製造●	機械ろくろ成形
	圧力鋳込み成形
	パッド印刷
自動車整備●	自動車整備
ビルクリーニング	ビルクリーニング
介　護●	介　護
リネンサプライ●△	リネンサプライ仕上げ
コンクリート製品製造●	コンクリート製品製造
宿泊●△	接客・衛生管理

○　社内検定型の職種・作業（1 職種 3 作業）

職種名	作業名
空港グランドハンドリング●	航空機地上支援
	航空貨物取扱
	客室清掃△

技能実習制度　移行対象職種・作業一覧
（82職種146作業、令和２年２月25日時点）

1　農業関係（２職種６作業）

職種名	作業名
耕種農業●	施設園芸
	畑作・野菜
	果　樹
畜産農業●	養　豚
	養　鶏
	酪　農

2　漁業関係（２職種９作業）

職種名	作業名
漁船漁業●	かつお一本釣り漁業
	延縄漁業
	いか釣り漁業
	まき網漁業
	ひき網漁業
	刺し網漁業
	定置網漁業
	かに・えびかご漁業
養殖業●	ほたてがい・まがき養殖

3　建設関係（22職種33作業）

職種名	作業名
さく井	パーカッション式さく井工事
	ロータリー式さく井工事
建築板金	ダクト板金
	内外装板金
冷凍空気調和機器施工	冷凍空気調和機器施工
建具製作	木製建具手加工
建築大工	大工工事
型枠施工	型枠工事
鉄筋施工	鉄筋組立て
と　び	と　び
石材施工	石材加工
	石張り
タイル張り	タイル張り
かわらぶき	かわらぶき
左　官	左　官
配　管	建築配管
	プラント配管
熱絶縁施工	保温保冷工事
内装仕上げ施工	プラスチック系床仕上げ工事
	カーペット系床仕上げ工事
	鋼製下地工事
	ボード仕上げ工事
	カーテン工事
サッシ施工	ビル用サッシ施工
防水施工	シーリング防水工事
コンクリート圧送施工	コンクリート圧送工事
ウェルポイント施工	ウェルポイント工事
表　装	壁　装
建設機械施工●	押土・整地
	積込み
	掘　削
	締固め
築　炉△	築　炉

（注１）●の職業：技能実習評価試験に係る職種
（注２）△のない職種・作業は３号まで実習可能

4　食品製造関係（11職

職種名
缶詰巻締●
食鳥処理加工業●
加熱性水産加工 食品製造業●
非加熱性水産加工 食品製造業●
水産練り製品製造
牛豚食肉処理加工業●
ハム・ソーセージ・ベーコン製
パン製造
そう菜製造業●
農産物漬物製造業●△
医療・福祉施設給食製造●

5　繊維・衣服関係（13

職種名
紡績運転●△
織布運転●△
染　色
ニット製品製造
たて編ニット生地製造●
婦人子供服製造
紳士服製造
下着類製造●
寝具製作
カーペット製造●△
帆布製品製造
布はく縫製
座席シート縫製●

6　機械・金属関係（15

職種名
鋳　造
鍛　造
ダイカスト
機械加工

技能実習制度は、国際社会からも多くの批判を受けている。例えば国連のホルヘ・ブスタマンテ氏による報告書（二〇一〇年）は「奴隷制度または人身売買」と判定した。その上で、日本政府に対しこの制度の廃止と雇用制度への変更、関連企業から完全に独立した監視・申し立て・救済機能の確立の勧告をしている。

こうした国内外からの批判も受け、二〇一九年に単純労働分野で働く外国人の在留を認める在留資格「特定技能」がようやく新設された。

†主役は中国からベトナムへ

しかし、批判を受けようが、新しい在留資格が生まれようが、実習生は増え続けている。いわゆる団塊の世代が六〇歳定年を迎えた二〇〇七年頃から人手不足問題が勃発。リーマンショックを経て、それが現実のものとなり、それを補うかのように実習生は増え続けてきた。国籍別に見ると、なかでもベトナム人が急増していることに気が付く。二〇一一年末に一万三七八九人だったベトナム人実習生は、二〇一九年末時点ではその一〇倍を大きく超える二一万八七二七人に達し、いまや実習生全体の五三％を占めている。

それまでは、中国がトップだった。ベトナム人実習生が急増し始めたのは二〇一四年頃からで、中国人の実習生数を抜いたのは二〇一六年だ。主役逆転の背景を、ベトナムの送り出し機

国籍別技能実習生数の推移

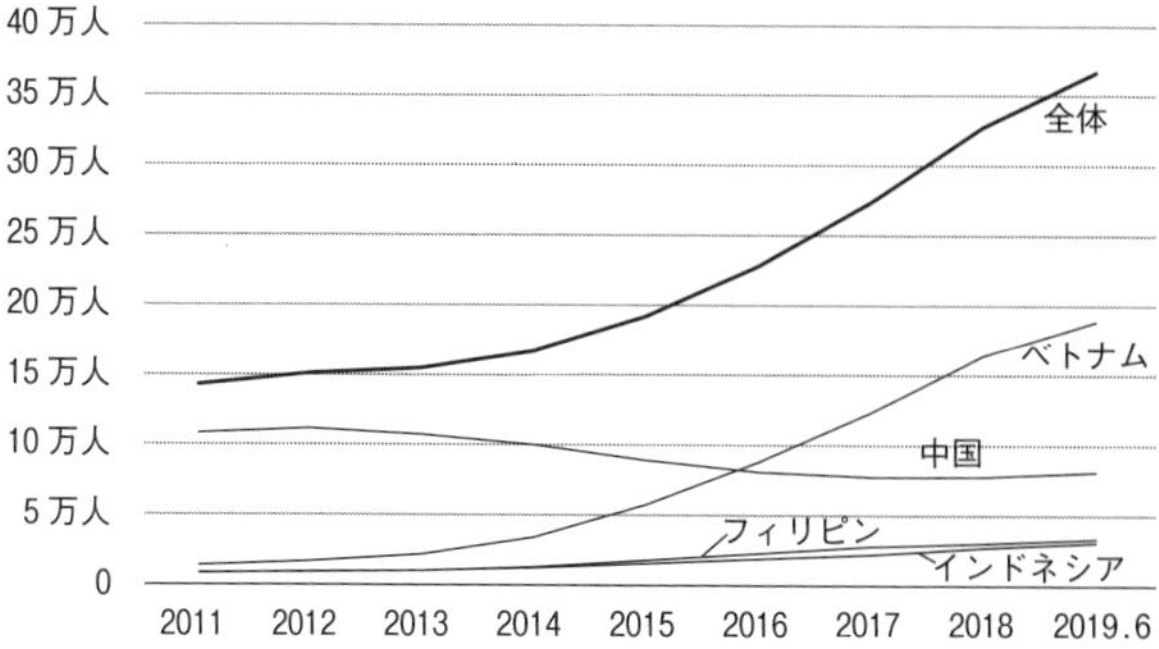

出典：法務省

関の幹部はこう説明する。

「経済成長によって中国国内で日本に行くメリットが薄れてきていることに加え、東日本大震災（二〇一一年）、中国国内の大規模な反日運動（二〇一二年）をキッカケに、中国人の希望者が減りました。一人っ子政策下で生まれた中国人はわがままで、日本の企業からも敬遠されるようになっていました。そこで日本側の受け入れ機関と中国の送り出し機関が目をつけたのがベトナムだったんです」

ただ、ベトナム人実習生の急増は、受け入れ側の理屈だけでは成り立たない。ベトナム人にとっても、日本の技能実習制度が魅力的だったのだ。現場をよくわかっていないメディアが技能実習を「奴隷労働」などと安易に切り捨てることがあるが、日本企業が外国に出向き、首根っこ捕まえて労働者を連れてきているわけではない。彼らは自ら手を挙げ、日本を目指しているのだ。その背後には「労働力輸出」を政策に掲げるベトナム政府の姿もある。

一口に実習生と言っても、国により文化的背景や送り出しの仕組みも異なる。百万円もの借金を労働者に強いる国もあれば、フィリピンのように送り出しにかかる費用を一円たりとも労働者から徴収してはならないと厳しく管理する国もある。すべての国をカバーするには、本書では紙幅と、何より、取材が足りない。本書は筆者が二〇一八年秋から二〇二〇年春にかけ、実習生最大の送り出し国になったベトナム人実習生と送り出し機関、そして日本側の監理団体や関係省庁を取材した記録である。ベトナム人実習生の実態だけではなく、複雑な技能実習制度そのものも理解できるように書いた。

本文中の年齢は、取材当時のものとしている。国名を書かない限り、実習生はベトナム人実習生を意味する。円表記は、一ドルは一一〇円、一ベトナムドン（以降、ドンと表記）は〇・〇〇五円、一ウォンは〇・〇九円で計算した。

第一章

なぜ、借金をしてまで日本を目指すのか

†技能実習生の八割は高卒

二〇一九年六月四日。ベトナムの首都・ハノイ――。

実習生の朝は早い。大手送り出し機関の幹部に彼らの一日を取材したいとお願いすると、筆者の泊まるホテルまで男性職員が朝五時に迎えに来た。白のワイシャツに黒のパンツをはき、黒いベルトを締めている。片手には黒のビジネスバッグを持ち、まるで日本のサラリーマンのような出で立ちだ。フロントに約束時間通りに現れた筆者の姿を見つけると、椅子から立ちあがり、「おはようございます」と日本語で挨拶をした。

プン・バン・ナムさん（二九歳）。両手で手渡された名刺には、アルファベットよりも大き

対外部に所属するナムさん

く、カタカナで名前が印字されていた。所属は「対外部」と書いてある。どんな役割の部署なのかと尋ねると、

「ベトナムに来たお客様の対応と、翻訳や通訳を担当する部署です」

名刺を裏返す。日本語で「人材派遣（ハノイ・ホーチミン）、通訳・翻訳、交易サポート」と、会社の業務内容が書かれていた。

ナムさんに案内され、送り出し機関が準備した米・フォード社製のトランジットに乗り込む。一六人乗りで、送り出し機関が日本企業や監理団体の視察時に使う定番の車だ。車内でナムさんから「今日のスケジュールです」と、A4サイズの紙を一枚渡された。

「ご訪越スケジュール」と題され、表組みで五分刻みに行程が書かれている。ここまで丁寧に案内するのかと驚いたが、題目のご訪越スケジュールの文字の横に「（草案）」という文字が残ったままだった。詰めの甘さにほっとする。

スケジュール表によれば、五時二〇分から五時五五分は「ホテルから日本語及び職業訓練センターへ移動」とあったが、予定よりも早く「訓練センター」に着いた。ここは、日本企業の面接に合格した実習生が、入国するまでの約半年から一年間、日本語や日本文化の勉強をする場所だ。併設の寮で寝泊まりをし、住込みで勉強をする。

訓練センターは、送り出し機関が経営している場合もあれば、外部委託している場合もある。

訓練センターの朝はラジオ体操から始まる

筆者が訪れた訓練センターは前者だった。専門学校だった校舎を買い取り、訓練センターとして使用しているという。

校庭には、すでにお揃いのユニフォームを着た若者たちが集まっていた。左胸には、日本とベトナムの国旗がプリントされている。男女別に整列し、私語をする人はいない。

「おはようございます」

日本語でのあいさつに続き、六時ちょうどにラジオ体操が始まった。大人数が一糸乱れず動く様は圧巻だ。その場に、何人いるか、また、その属性をナムさんに調べてもらった。筆者が訪れた時点で、訓練センターに在籍する実習生は五七〇名。送り出し機関が運営する訓練センターとしては、大きな規模だという。

内訳はこうだ。性別は、男性が三四一人、女性が二二九人。年齢は、一九～二〇歳が一四〇人、二一～三〇歳が三九四人、三一～四〇歳が三六人。学歴は、高卒が四四六人、専門学校卒が七〇人、大学・短期大学卒が五四人。中卒は、募集していない。

†軍隊式の教育施設

訓練センターの一日は長い。

六時のラジオ体操に始まり、六時半から清掃が一時間。八時から一時間の授業が六コマ続く。授業の間に十五分休憩と昼休み、午後の清掃がある。午後四時半からは再びラジオ体操があり、夕食は午後六時だ。

それでも、まだ終わらない。食後の休憩をはさみ、午後七時から午後一〇時まで一時間の自習が三コマ続く。消灯は午後一〇時半だ。学校の許可が出れば、月に一度、帰省が許されるというが、原則として平日は学校と寮を往復する毎日だ。自由時間を与えず、徹底的に勉強させる。日本人訪問者への対応も教育されているのだろう。筆者が訓練センター内を歩くと、すれ違う実習生は皆立ち止まり、頭《こうべ》を垂れて「お客様、おはようございます」と挨拶をする。送り出し機関のスタッフ自らが「軍隊式」と呼ぶ教育スタイルだ。

訓練センター内には、あらゆる場所に日本語の標語が掲示されている。最も目立つ場所には

「労働は幸福をもたらす」と書いてあった。日本でのごみの分別方法の説明や、道路標識などが掲示された壁もある。

教室の中を覗くと、製造業の現場管理のスローガンとして知られる「5S（整理・整頓・清掃・清潔・躾）」や、ビジネスの基本である「ほうれんそう（報告・連絡・相談）」について説明

施設内にはあらゆる場所に日本語の標語が

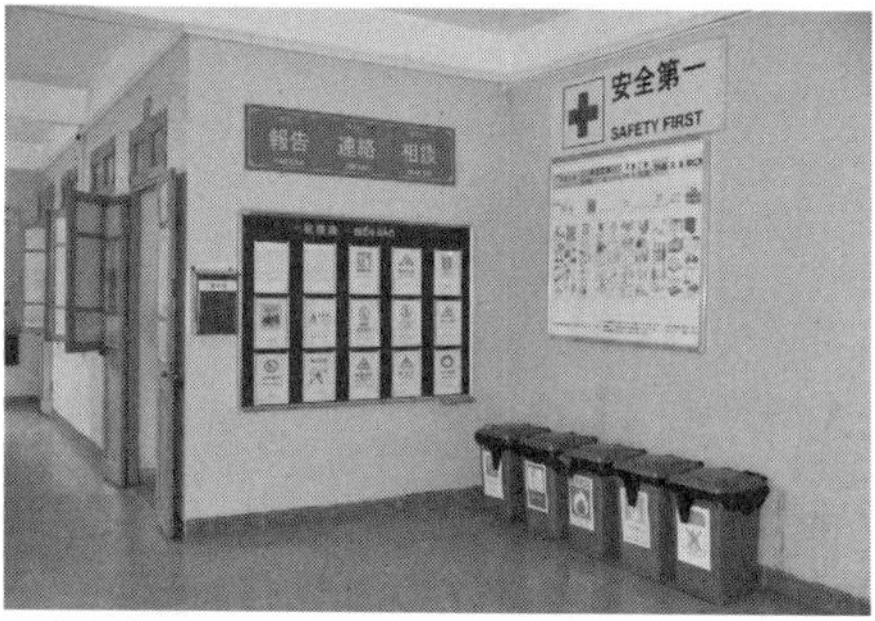

日本の生活ルールも学ぶ

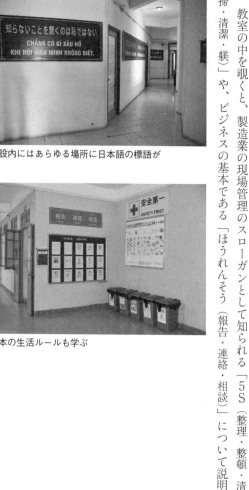

階段の蹴り上げ部分が単語カードのようになっていた

する掲示物もあった。

圧巻は階段だ。一段、一段、蹴り上げ部分にベトナム語を併記した日本語の単語やフレーズが貼られている。これでは休み時間も頭が休まらない。

なかには、オリジナルの掲示物もあった。「「良い実習生」になるための10の条件」と題された掲示物には、こう書いてあった。

1. 明るく元気な挨拶や返事ができる。
2. 何事にも素直な気持ちで取り組むことができる。
3. いつも笑顔で「感謝の心」と「礼儀」を忘れない。
4. 健康管理・自己管理がしっかりできる。
5. 規則（ルール）をきちんと守ることができる。
6. 日本語をしっかり覚えようと努力する。
7. 仕事を確実に覚えようと努力する。
8. 人が嫌がることも、進んで取り組める。
9. 人が見えていなくても、手を抜かずに仕事ができる。

10. ほかの人とコミュニケーションを取り、仲良く協力的に生活することができる。

出国前に約半年間の全寮生活

敷地内にある寮にも足を運んだ。建物は五階建てで、一階は食堂になっていた。二階と三階が女性寮、四階と五階が男性寮だ。それぞれ、階段の踊り場部分に鉄の扉が備え付けられている。消灯時間になると、鍵がかけられるという。訓練センターの職員から、仮に異性の寮に入ったことが明らかになると、退学処分になると説明を受けた。

寮は訓練センターの敷地内にあった

男性寮の部屋の一つに入った。十畳ほどのスペースに、二段ベッドが六つと、荷物を入れるアルミケースが人数分置かれていた。テーブルや、テレビなどの娯楽機器はない。個々のプライベートなスペースは、ベッドの上だけだ。

そのベッドの上には、薄いござ

が敷かれ、枕の横にはきっちり畳まれた薄い掛布団が置かれていた。これで体は休まるのだろうか。朝から晩まで勉強し、帰る場所がこの冷ややかなベッドの上だと考えると、気が重くなる。それも、二、三日乗り越えればいいというわけではなく、長ければ一年に及ぶ。

この訓練センターが特別というわけではない。筆者は送り出し機関が運営する合計四つの訓

男性寮の室内

整頓された清掃道具。厳しい教育が窺える

練センターに足を運んだが、どこも同じようなスタイルだった。実習生はこうした教育施設で最低でも四か月程度は寮生活をしながら勉強をし、日本にやってくる。

なぜ、最低四か月程度かと言えば、実習生の入国手続きに最低その程度の時間がかかるからだ。実習生を受け入れるためには、外国人技能実習機構に「技能実習計画認定申請書」を実習生ごとに提出し、認定を受ける必要がある。認定を受けた後に、今度は出入国在留管理局に在留資格認定証明書（COE）の交付申請を行い、それが認められれば来日する外国人の自国の日本国大使館でビザ（査証）を申請する流れになる。そうしてビザを取得し、実習生は初めて出国できるのだ。面接して採用したからと、すぐに実習生を受け入れられるわけではない。送り出し機関側にも、政府機関から実習生ごとに推薦状をもらうなどの手続きがある。

†企業は入国時にN４を期待

入国までに時間がかかる理由は、手続きのためだけではない。監理団体に関しては第二章で詳述するが、実習生を受け入れる監理団体は、受け入れ企業での実習開始を前に、講習を実施する必要がある。講習の内容は法務省令で、「日本語」、「本邦での生活一般に関する知識」、「技能実習生の法的保護に必要な情報」、「本邦での円滑な技能等の修得に資する知識」と定められている。

授業態度は皆真剣。私語などは一切ない

講習時間も同様に定められており、技能実習1号（入国後一年目の活動）の活動予定時間の六分の一以上だ。ただし、入国前の六か月以内に一か月以上かけて一六〇時間の講習を行った場合は、技能実習1号の活動予定時間の一二分の一以上に縮小される。そのため、監理団体が契約を結ぶ海外の送り出し機関の教育施設で入国前講習を実施し、入国後に国内で一か月の講習を実施するパターンが主流だ。

もっとも、監理団体の本音としては、どうしたって入国手続きに最低四か月程度はかかるのだから、その間は遊んでいないで、日本語の勉強をしてくださいということだ。受け入れ企業としても、実習生の日本語レベルが高いに越したことはない。

受け入れ企業が実習生に期待する日本語のレベルとしては、日本語能力試験の「N4」を挙げる声が多い。日本語能力試験はN1からN5までの5レベルあるが、N4は下から二番目のレベルだ。

N4とは、どの程度の日本語能力なのか。日本語能力試験の公式サイトによれば、「基本的な日本語を理解することができる」レベルと説明されている。読む力は「基本的な語彙や漢字を使って書かれた日常生活の中でも身近な話題の文章を、読んで理解することができる」レベルで、聞く力は「日常的な場面で、ややゆっくりと話される会話であれば、内容がほぼ理解できる」レベルだ。

業種別の日本語も学ぶ

このレベルに達するのにどれだけの時間がかかるか。筆者がこれまで取材した関係者の話をまとめると、一から日本語の勉強を始めた場合、N4レベルに到達するのに半年〜一年だ。こうした背景もあり、約半年は実習生に訓練センターで日本語を勉強させる送り出し機関が多い。たとえ入国手続きが終わっても、N4レベルに到達するまでは出国させない厳しい送り出し機関もある。

日本語を教える教科書としてはスリーエーネットワークが発行する「みんなの日本語」が使用されるケースが多く、五〇課（教科書二冊分）までを習得すれば、N4相当の日本語力に到達できる。

ベトナムと食文化は異なる。露店で売られる珍味として人気の蚕

カエルは捕まえて食べない

訓練センターで学ぶのは、日本語だけではない。日本の文化や風習なども学ぶ。よく使用される教科書の一つが、ジツコが発行する「日本の生活案内」だ。日本人は手で食べず、箸を使うなど、基本的な日本人の生活が説明されている。日本への留学経験があり、現在、送り出し機関で働くグエン・ヴァン・ミンさん（二七歳）はこう話す。

「実習生の大半はベトナムの地方出身の高卒や中卒の若者です。厳しい集団生活を経験させないと、日本での生活についていけず、トラブルも起こします」

教育熱心な送り出し機関では、オリジナルのテキストも準備されている。手元に、ある送り出し機関が作成したテキストがあるが、その内容が面白いので紹介したい。日本の習慣を知らないがために発生するトラブルを防ぐため、日本とベトナムの風習の違いが説明されている。主なものとして、次の五つが挙げられていた。

・コップやタオルなど、個人の物であって、使い回しをしない。
・他人の家の敷地内になっている果物などを勝手に取ってはいけない。
・近くの沼などで魚や、カエルなどを捕まえて食べたりしない。
・電車などに乗ったら、大声で話をしない。家でテレビなど物凄いボリュームで聞かない。
・料理で使った油などをそのまま配水管に流さない。

カエルを捕まえて食べてはいけないということまで教えないと駄目なのかと驚くが、テキストには動植物を捕まえた場合に、日本の法律でどう裁かれるのかといった説明までもが書かれている。実際に事件も起こっているからだ。

例えば二〇一九年一〇月、ベトナムから犬の肉などを不正に輸入したとして、兵庫県姫路市のグエン・テイ・トウム容疑者（三七歳）らベトナム国籍の男女三人が大阪府警に家畜伝染病予防法違反の疑いで逮捕されている。日本国内のベトナム料理店に販売するつもりだったと見られているが、犬を食べる文化はベトナムと違って日本にはない。こうしたことも、一から教えていく必要がある。ベトナムの送り出し機関の立場からしても、面接に合格したからと、すぐに日本に行かせるわけにはいかないのだ。

筆者の取材パートナーのミンさん。彼の実家の裏山で写真を撮った

†日本は正しい国ではない

半年にも及ぶ厳しい合宿生活を支えるものは何なのか。

実習生が働く劣悪な現場がメディアに取り上げられることも多く、時に、大きな話題にもなる。例えば、二〇一九年六月四日に放送されたNHKのドキュメンタリー番組「ノーナレ」では、愛媛県の縫製工場で働くベトナム人実習生の姿を報じ、SNS上では今治タオルの不買運動に発展するなど話題になった。

番組では、早朝から午後一〇時過ぎまで働き、二段ベッドが詰め込まれた窓のない部屋で寝泊まりするベトナム人実習生が映し出されていた。洗濯する間もなく、雨が続くと濡れたままの服を着て作業をしていた。

こうしたニュースは、ベトナム本国でも話題になる。誰かしらがベトナム語に翻訳し、SNS上で拡散される。必ずしも日本が正しい国でないことは、ベトナム人も知っている。

それでも彼らは厳しい合宿生活を耐え抜き、借金を背負ってまで日本を目指す。その意欲の源泉にたどり着きたいと、二〇一九年六月に筆者はベトナム東北部のバクザン省へ向かった。取材のパートナーは、いつも国内取材でのベトナム語通訳をお願いしているグエン・ヴァン・ミンさん（二七歳）だ。彼の兄は元実習生で、彼自身は元留学生だ。バクザン省は、彼の故郷である。

「私の故郷には、実習生が建てた家がたくさんありますよ。実習生はハノイやホーチミンの都市部ではなく、地方の農家出身の若者なんです」

彼からそんな話を聞き、連れて行って欲しいとお願いしたのだ。できるだけベトナム人実習生が見ている風景と同じものを見たいとリクエストをすると、ミンさんは「バスで移動しましょう」と提案した。

†ライチ農家の月収は二万円

ハノイ市内のバスターミナルで六万ドン（約三〇〇円）を支払い、長距離バスのチケットを買った。交通量の少ない土曜日の朝だったが、目的地まで約三時間かかった。たどり着いたの

町の中心部の側道を放し飼いの牛の親子が歩く

は、ベトナム北東部に位置するバクザン省ルックナム県。人口二〇万人の小さな町だ。そこからバスを乗り継ぎ、放し飼いの牛が側道を歩く町の中心部を抜けると、周囲は山と畑に囲まれる。再びバスに揺られること約三〇分。クォアンハイという小さな村の入り口についた。ここがミンさんの故郷だ。

バスを降りると、タイムスリップしたような感覚になった。緑が生い茂り、放し飼いのアヒルやにわとりが軒先を跋扈している。雨上がりのためか、畑から戻ってくる人はノンラーと呼ばれる、円錐形の帽子を被っている。筆者の記憶のなかで何に近いかと言えば、東南アジアでの戦いを舞台にした太平洋戦争の映画だ。茂みの中から、兵隊が出てきそうな雰囲気だった。

村は、民家がぽつぽつとある以外は、米とライチ畑が広がっていた。村に外国人がくることなどないのだろう。軒先で遊ぶ子どもたちに「こんにちは」と話しかけると、子どもたちはケタケタ笑い、興奮して走り回るのだった。

そんな風景のなかに忽然と現れたのが、序章に書いたグエン・ヴァン・ロイさん（二四歳）

の家だ。「毎月十四万円貯金した」成果物として、二階建ての立派な自宅が建っていた。

ロイさんが彼女を連れて家を出ると、父親のタンさん（五一歳）が家の前に広がるライチ畑に連れて行ってくれた。筆者が訪れた六月はちょうど収穫の時期で、ライチの皮が赤く熟れていた。今年は収穫量が少なく、例年より値上がりし、一キロ五万ドン（約二五〇円）程度で取引されるとタンさんは言った。夫婦でこのライチ畑を管理し、農家としての年収は二〇万円程度になるという。

ライチ農家のタンさん

月収にすると、二万円程度だ。ロイさんは毎月、一四万円を貯金すると話していた。同じく実習生のロイさんの姉も、せっせと貯金し故郷に送金している。頭がくらくらしてくる。一攫千金とは、まさにこのことではないか。そりゃ家の一つや二つ、建つだろう。

ミンさんにお願いし、村の大工を訪ねた。村の大工は「家を建てる費用は土地が十五坪で二〇〇万円、レンガ造り二階建ての家が四〇〇万円」だと言った。

クンさんが自慢の森を見せてくれた

†技能実習で貯めたお金でビジネス

技能実習の「成果物」は、家だけではない。

グエン・ヴァン・クンさん（二七歳）の自宅は、村のはずれからさらに山中に入った先にあった。ほかに交通手段はなく、ミンさんが実家からバイクを借りてきた。筆者はバイクの後部座席にまたがり、ぬかるんだ土の道を突き進む。ここで殺されても、絶対に気づかれはしないだろう。ふと、そんなことを思った。周囲は山に囲まれ、現地で調達したモバイル Wi-Fi（ワイファイ）も通じない。そんな場所に、クンさんは奥さんと息子と暮らしていた。

アニメなどの影響で、幼い頃から日本には関心があったとクンさんは話す。大学時代に送り出し機関が大学内で実施した説明会に参加し、日本に技能実習という制度があることを知った。日本で働きたいという思いが強まり、大学が提携するホーチミン市内の送り出し機関の訓練センターに入校した。

しかし、日本語の勉強を毎日続けるものの、一向に日本企業の面接が行われる気配はない。

不安になり、ハノイ市内の別の送り出し機関の訓練センターに移った。そこには、求人票がたくさんあった。面接を受け、すぐに実習先が決まった。両親の貯金や、土地の権利書などを担保にお金を借り、送り出し機関に合計一万ドル（一一〇万円）を支払い、日本にやって来た。

二〇一四年から三年間、クンさんは愛知県の金属加工会社で技能実習をした。

「友達が多く、結構使ってしまいました」

クンさんはそう話すが、借金を返済した上に、三年間で一五〇万円を持って帰国した。

そのお金はもうない。すべて、投資したという。

「ヤギを三匹と、ライチの苗を一〇〇〇束。そして、森を少し買いました」

村の主産業はライチだったが、近年、中国の紙の需要が高まったことで、森林ビジネスに乗り出す人が増えているという。クンさんもその一人だ。

「また、日本に行きたい。もっと、投資して森を買いたい」

筆者が二〇一九年四月に新設された在留資格「特定技能」の話をすると、クンさんは興味深く聞いていた。

†兄の姿を見て弟も日本を目指す

ミンさんの運転するバイクの後部座席に座り、村とその周辺を走り回った。そこでは、確かに実習生の建てた家や、森などの成果物を目にすることができた。それらは、技能実習制度の何よりもの宣伝材料になる。残った若者たちが、我も我もと日本を目指すのだ。

ライチ農家のグエン・ティ・ホクさん（五六歳）は、長男のズン・ヴァン・ティンさん（三一歳）が日本に実習生として行った際、近所から日本の生活や収入についてよく聞かれたと振り返る。ホクさんの話を聞き、日本へ行くことを決めた人もいるという。

ティンさんは三年間の技能実習を終え、現在はハノイ市内の日本語学校で働いている。大学卒業後に経理の仕事に就いたが、もっとお金を稼ぎたいと日本行きを決意。約三〇〇〇ドルを銀行から、約三〇〇〇ドルを親族から借金し、実習生として来日した。三重県のプラスチック

孫を抱くホクさん

ティンさんの自宅

工場は残業も多く、毎月手取りで一五万円以上はあった。最初の一年間は借金の返済に追われたが、残る二年で約三五〇万円を貯金した。

「残っていた家のローン二五〇万円を支払い、残るお金で畑を六ヘクタール買いました。畑は弟に継いで欲しいと思っています」

兄のティンさんはそう話すが、弟も実習生として日本に行きたいと話しているという。弟は現在、ハノイに近いバクニン省の工業団地で働いている。母親のホクさんはこう言った。

「子どもが小さいからおすすめしない。子どもが大きくなったら、考えてもいい」

トラン・ティ・トイさん（四九歳）は二人の息子が現在、日本で技能実習中だ。兄の姿を見て、自然と弟も日本を目指したという。二人の息子が約六五〇万円かけて建てた三階建ての自宅の多くは、使われずにいた。トイさんはこう話した。

自宅前でトイさん夫婦

建設業の実習生として来日するフリックさん

「早く帰ってきて、結婚して欲しい。二人ともいなくて、寂しいです」

ただ、日本で頑張る息子たちを誇りに思っている。二〇一八年、長男の実習先の社長が自宅に訪れ、将来的に設立を予定するベトナムの拠点の代表者を長男にお願いしたいと話したという。

グリン・バ・フリックさん（二三歳）とは、水を買いに立ち寄った雑貨店で出会った。ちょうど日本企業の面接に合格したばかり。訓練センターの寮に入る直前で、フリックさんは実家に荷物を取りに帰ってきていた。店番をしていた母親は、本音を見せた。

「一人息子だから、本当は行ってほしくない」

一方のフリックさんはこう話した。

「この村の近くには工業団地があって、サムスンの工場で働けば稼げますが、それでも七〇〇万ドン（約三万五〇〇〇円）程度です。日本で稼いで、妹が大学に進学する費用を出してあげたいです」

フリックさんは、高校卒業後、すぐに日本に行きたかったが、徴兵が終わってからにしなさいと母親に言われ、日本に行く時期が遅くなったと話していた。

†技能実習生募集ポスターの宣伝文句

車道沿いに技能実習生募集のポスターが張られていた

山肌の濃い緑を縫うようにバイクで走っていると、運転するミンさんが突然、スピードを緩めた。ミンさんが興奮気味に「あれを見てください」と指さす先に、ポスターが張ってある。実習生を募集するために、送り出し機関が掲示した広告だった。そこには、こう書かれていた。

〈技能実習　日本で三～五年間働いたあと、六億ドン（約三〇〇万円）～九億ドン（約四五〇万円）を貯金できるチャンス
未経験可・学歴不問・入れ墨なし　求人多数。手数料安い〉

元実習生を取材するなか、彼らから「三年で最低二〇〇万円は国に持って帰れる」とはよく聞いた。筆者が取材した中では、三年間で最高四〇〇万円近く貯金した人もいた。こうした広告はたいてい大げさに書かれているものだが、意外に

学校の前にも同じポスターが張られていた

正確で驚いた。入れ墨の入った候補者を日本企業が敬遠することも聞いていた。

実習生はここから来るのか――。

周囲に山しか見渡せないあの場所で募集広告を見ると、感慨深いものがある。彼らが稼いだお金が、家や森に化けた光景もこの目で見た。日本では実習生の暗い一面ばかりが報じられているが、こうした夢があるからこそ、日本を目指す実習生は後を絶たないのだ。

しばらく走ると、今度は高校の前に同じポスターを見つけた。彼らの目には、宣伝文句がどのように映るのだろうか。日本人にとっては最低賃金の仕事でも、日本とベトナムの間にはまだまだ圧倒的な経済格差がある。筆者が見つけた実習生の募集広告を、日本人の金銭感覚に換算するとこうなる。

〈技能実習生大募集　三年で一五〇〇万円～二五〇〇万円の貯金のチャンス！　労働期間三年（最大五年）　参加費用：五〇〇万円　業務内容：誰にでもできる簡単な仕事　条件：健康な男女。入れ墨なし　注意事項：採用後、半年間の外国語トレーニングを実費で受けること。途中

で逃げ出さないこと〉

複数の監理団体や送り出し機関の関係者にも意見を求めたが、日本人の感覚としてはこうなる。老後の二〇〇〇万円問題で揺れる日本。仮にこうした求人があれば、応募する人も多いだろう。少なくとも筆者なら参加したい。

日も暮れはじめ、ルックナム県中心部のホテルに向かった。外灯もほとんどなく、日が暮れると、ヘッドライトが灯す前方以外は、何も見渡せない。それでも、池の周りで動く複数の人が見えた。あれは何かと尋ねると、ミンさんは言った。

「カエルをとっているんですよ。茹でたり、焼いたりして、骨をしゃぶるようにして食べるんです。お酒のあてにいいんです」

あれだ、実習生が学ぶテキストに書いていたあれだ。生の現場を見て、すこぶる興奮した。実習生の故郷にたどり着いたんだ。そう確信した瞬間だった。

†西欧諸国もベトナム人材を開拓

ルックナム県中心部にある個室シャワー付きの一泊一〇〇〇円のホテルで一夜を明かし、再び村を目指した。途中、屋台に寄り、ベトナムの代表的なストリートフード「バインミー」を注文した。一つ、二万ドン（約一〇〇円）。フランスパンに切れ込みを入れ、そこに野菜や肉を

バインミーの屋台

はさむサンドイッチのような食べ物で、朝食にすることが多い。

屋台には複数の学生がいた。通訳のミンさんを通じて「近くに学校があるのか？」と尋ねると、目と鼻の先にあった。食後に学校の前を歩くと、ミンさんが「ここにもありますね」と、校門の横に張られたポスターを指さした。

〈留学と技能実習　ドイツ、韓国、日本　出国が早い、ビザ取得率99％。／手数料が安い、バイト代が高い、高収入、卒業後の就職保証１００％。／定住のチャンス〉

これまた、送り出し機関の広告だった。前回見た募集広告と大きく違ったのは、日本以外の選択肢があることだ。ベトナム人にとって、ほかに稼げる国があれば、何も日本である必要はない。人手不足に悩む先進国のなかで、ベトナム人材は引く手あまただ。それは何も、日本や韓国など、アジア諸国に限らない。

例えば、近年、急速にベトナムとの距離を縮めている国の一つにルーマニアがある。急速な経済成長で失業率が下がる一方、ドイツやイギリスなど所得水準の高いヨーロッパ諸国への移住者が増え、人手不足に陥っている。ルーマニア政府は二〇一九年八月、非EU加盟国からの労働者受け入れ枠を三万人まで上げると発表。ベトナムは二〇一九年上半期時点で二八一八人と、非EU加盟国の最大の送り出し国になっている。

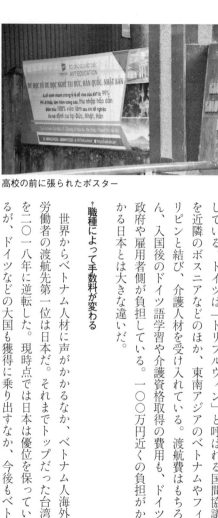

また、大国ドイツもベトナムに注目している。日本同様、高齢化が進行し、介護人材が不足している。ドイツは「トリプルウィン」と呼ばれる国間協議を近隣のボスニアなどのほか、東南アジアのベトナムやフィリピンと結び、介護人材を受け入れている。渡航費はもちろん、入国後のドイツ語学習や介護資格取得の費用も、ドイツ政府や雇用者側が負担している。一〇〇万円近くの負担がかかる日本とは大きな違いだ。

高校の前に張られたポスター

†職種によって手数料が変わる

世界からベトナム人材に声がかかるなか、ベトナム人海外労働者の渡航先第一位は日本だ。それまでトップだった台湾を二〇一八年に逆転した。現時点では日本は優位を保っているが、ドイツなどの大国も獲得に乗り出すなか、今後もベト

国・地域別ベトナム人
労働者送り出し数（2019）

日本	82,703
台湾	54,480
韓国	7,215
ルーマニア	3,478
サウジアラビア	1,375
マレーシア	454
マカオ	401
その他	2,424

ベトナム国労働・傷病兵・社会問題省・
海外労働監理局（DOLAB）より

ナム人が日本を目指してくれるとは限らない。

ミンさんにお願いし、ルックナム県中心部をゆっくりバイクで走った。海外労働をサポートするエージェントに接触し、現時点の日本の評価を聞いておきたかったからだ。海外に出稼ぎに行く人の多い町というだけあり、中心部に五軒、それとわかる店があった。

ただ、一目に日本人とわかる筆者が訪ねても、普段、エージェントがどのように説明しているのか、実態は摑めないだろう。筆者は喫茶店に待機し、ミンさんに潜入調査をお願いした。ミンさんの親せきの子どもが海外で働くことを考えているという設定で、客のふりをして店に入ってもらった。

一軒目は、店の看板にプリントされた三つの国旗の国通りに、日本と台湾、そして韓国を紹介するエージェントだった。おすすめを聞くと、日本と答えた。その理由は、

「給料が高く、とてもいい国です」

詳しくは第五章に譲るが、単純労働の出稼ぎ先としては、韓国は日本よりも給料を高く払う会社が多い。韓国のほうが稼げるのではないかと尋ねると、

ルックナム県の中心部

「韓国は出身エリアによって受入れを停止しています。失踪者の多いルックナム県は、そのうちの一つです。行くとすれば留学ですが、お勧めはしません」

日本に行くにはどうすればいいのか。エージェントスタッフが説明した流れはこうだ。まずは、気に入った求人票に応募し、送り出し機関の訓練センターに入る。その際にデポジットとして五万円程度と、健康診断費用として約四〇〇〇〇円の支払いが必要になる。

送り出し機関の訓練センターに入った後は、一〇日ほど日本語などを勉強し、日本企業の面接を受ける。それに合格すれば、約半年ほど訓練センターで日本語を勉強し、ビザが出れば日本へ出発する。

紹介手数料は職種により異なり、人気のない建設業などは安いとエージェントスタッフは説明した。おすすめの仕事を聞くと、電子部品の組み立てや水産加工など工場内の仕事を勧められた。その理由は、残業が多いこと。手取りで一一万円から一五万円は稼げるということだった。

この報告をミンさんから受けた時、正直、期待外れな思い

町のエージェント

があった。どうせ、給与や待遇などを誇張して説明していると思っていたからだ。説明に大きな嘘はない。建設の仕事は人気がないことや、工場内作業が人気になっていることも、これまでの取材活動を通じて知っていた。ミンさんによれば、エージェントのスタッフは日本への留学経験があり、日本について詳しかったという。そうした理由もあるのだろうが、極めて的を射た案内に、少し拍子抜けした。

　喫茶店で待つ筆者のもとに戻ったミンさんの携帯が鳴る。ベトナム人の間で利用者の多いＳＮＳ「Ｚａｌｏ」を通し、さっそくエージェントのスタッフが求人票を送ってきたのだ。二枚の求人票が添付され、その両方が建設関係の求人だった。求める人材について、こんな説明が書かれていた。

「実技試験はなし。体力あり、まじめ、大歓迎」

†台湾はライバルではない

ミンさんにお願いし、エージェントにもう一軒、入った。相談相手になったのは、元軍人だという六〇代頃の男性だった。彼が勧めたのは、日本ではなく台湾だった。日本と比べ、何がいいのかと聞くと、台湾を勧める理由を三つ挙げた。

一つ目は、速さだ。先述の通り、日本に行くためには面接に合格した上に、最速でも約四か月程度は訓練センターで勉強するなどし、出国を待たなければならない。しかし、台湾であれば一か月程度で出国できるということだった。日本の実習生のように、受け入れ企業から言葉の勉強を求められることもないようだ。

二つ目は、安さだ。日本の場合、手数料は六〇〇〇ドル以上かかるが、台湾なら五〇〇〇ドル以下だという説明だった。

そして、三つ目は、働ける期間の長さだ。日本の技能実習は最長五年だが、台湾の場合は三年契約を四回更新し、最大一二年間働くことができるという。なるほど、日本にはない魅力が、台湾にはあるようだ。

日本専門の送り出し機関にとって、台湾はライバルになるのか。そんな質問をハノイ市のある送り出し機関の社長にぶつけたことがある。彼の答えはこうだ。

「手数料の相場は確かに日本と比べて安いですが、特別安いわけではありません。しかも給料は手取りで五、六万円と、日本に比べて安い。長く働けることはメリットとも言えますが、人気があるのは日本です」

日本を目指す層は二〇代が中心だが、台湾は三〇代が中心。なかには四〇代もいる。年齢などを理由に日本の企業に採用されなかった結果、台湾を目指すケースが多いと社長は話していた。そうした台湾事情も知るミンさんが日本に行きたい、求人票を見たいと伝えたが、エージェントの男性は生ぬるい返事を繰り返すだけだった。

ミンさんが思い通りに納得しないことに腹を立てたのだろうか。男性は最後に強くこう言い放ったそうだ。

「台湾でも日本でも、三年で一〇億ドン（五〇〇万円）は貯金できる」

台湾の特徴などは正確に答えていたが、最後はリップサービスが過ぎたようだ。そこまでは、なかなか稼げないだろう。

ただ、三年で五〇〇万円貯金できると言われると、気持ちは高ぶるだろう。五〇〇万円は日本人にとっても大金だが、日本人の金銭感覚に置きかえれば三年で三〇〇〇万円貯金できるといった具合だ。そんな宝くじに当たるような話があれば、飛びつきたくもなる。

とはいえ、三年で五〇〇万円は言い過ぎだとしても、日本を目指す実習生たちは現実的にどのくらいのお金を稼ぐことを目標としているだろうか。

†目標は三年で三〇〇万円の貯金

二〇一九年一〇月、筆者はホーチミン市の送り出し機関が運営する日本語教育施設にいた。受け入れ企業の好意で、実習生の面接に参加する機会を得たのだ。北関東の自動車部品会社の面接で、作業は工業包装だった。

採用予定人数二人に対し、候補者は男性八名。候補者の数は採用予定者の二〜三倍が一般的なので、人が集まりやすい職種だったと言っていい。外での作業になる建設業などは人気がない一方、工業包装など、屋内の作業は人気がある。

面接を受ける候補者

実習生の面接で興味深かったのは「日本でいくら稼ぎたいですか?」という直球の質問が出たことだ。日本人の採用現場ではこうした質問はなかなか聞かれないが、実習生の面接では必ずお金に関する質問が出るようだ。送り出し機関の幹部が説明する。

「毎月、手取りでいくら欲しいですかといった質問を必ずします。勝手なイメージを持っていないか、現実を把握しているかを、確認するためです。仮に、手取りで二〇万円以上欲しいですと答える人がいれば、それはアウトです。現実として、そこまではもらえません。間違ったイメージのまま日本に行くと、現実を知った時に失踪するリスクが高まります」

面接は四人ずつ行われたが、「いくら稼ぎたいですか？」という質問の答えは、みんな同じだった。全員が口を揃え「三〇〇万円」と言った。面接者が続けて「そのお金を何に使いたいですか？」と尋ねた。八人の答えはそれぞれこうだ。

「両親の家を建てて、自分の結婚式の費用にも使いたいです」（二三歳）

「家を建てたいです」（一九歳）

「家を建てたいです」（二一歳）

「家を建てたいです」（二三歳）

「一五〇万円は両親にあげて、五〇万円は借金の返済に充てます。残りの一〇〇万円は銀行に貯金します」（一九歳）

「妹の学費のため、家族のために使いたいです。残ったお金で、自分の工場を開きたいです」（二一歳）

「五〇万円はお母さんにあげたい。一五〇万円を使って自動車部品販売店を開きたい。残った一〇〇万円は自分の学費に充てたい。高校と大学に行きたい」（最終学歴は中学卒の二一歳）

「家を建てたいです」（二二歳）

†住居は一人当たり四・五平米以上を確保

彼らが口にする「三〇〇万円の貯金」という目標設定は妥当なのか。送り出し機関の幹部やスタッフ、そして実習生本人を取材してきた筆者の立場からすれば、少なくとも非現実な数字ではないと言える。

まず、実習生の賃金はどの程度なのか。技能実習法により、技能実習生の賃金は「日本人が従事する場合の報酬の額と同等以上」(第九条九項)と定められている。それは、書類によって示す必要もある。

実習生を受け入れる企業は、実習生ごとの技能実習計画を作成し、外国人技能実習機構から認定を受けなければならない。企業が初めて実習生を受け入れる場合、監理団体は実に五〇以上もの書類を提出する必要があるが、そのなかの一つに「技能実習生の報酬に関する説明書」がある。

受け入れる実習生と同じ程度の技能を有する日本人が社内にいる場合は、その対象となる日本人の職務内容や責任の程度、年齢や経験年数、その報酬額を記入し、「技能実習生に対する報酬が日本人が従事する場合の報酬の額と同等以上であると考える理由」を添えて提出し、外国人技能実習機構の認定を受けなければならない。

同じ程度の技能を有する日本人がいない場合は、最も近い職務を行う日本人の職務内容や責任の程度、年齢や経験年数、その報酬額を記入し、同じ程度の技能を有する日本人が社内にいる場合と同じく、日本人が従事する場合の報酬の額と同等以上である理由を提出する必要がある。

ただ、報酬額の実態は最低賃金が大半だ。東京都を例に、手取り額を計算してみよう。最低時給（一〇一三円）で計算すると、月額給与は一七万円程度（一日八時間、月二一日勤務で計算）になる。そこから、社会保険を引くと、手取りは一四万五〇〇〇円程度。ここから企業は住居費を控除してもいいことになっている。

住居にも制約があり、住居の場所や広さを「技能実習の期間中の待遇に関する重要事項説明書」に明記し、見取り図や写真とともに外国人技能実習機構に提出する必要がある。技能実習生の住居は「床の間・押入を除き、一人当たり四・五平米（約三畳）以上を確保すること」「個人別の私有物収納設備、室面積の七分の一以上の有効採光面積を有する窓及び採暖の設備を設ける措置を講じていること」「就眠時間を異にする二組以上の技能実習生がいる場合は、寝室を別にする措置を講じていること」などが求められている。

そのうえで、自己所有物件の場合は「実際に建設・改築等に要した費用、物件の耐用年数、入居する技能実習生の人数等を勘案して算出した合理的な額」を、賃貸物件の場合は「借上げに要する費用（管理費・共益費を含み、敷金・礼金・保証金・仲介手数料等は含まない）を入居する技能実習生の人数で除した額以内の額」を徴収することができる。

†帰国後に年金の脱退一時金

ベトナムの場合は、独自の規定がある。賃金から控除する家賃の額が二万円を上回らないことを日本に求めている。家賃の高い東京、大阪、京都、名古屋については上限が三万円だ。この規定に従い、前述の手取り額の計算に戻れば、社会保険を引いた手取り額一四万五〇〇〇円程度から、家賃として三万円を控除する。そうなると、手取り額は一一万五〇〇〇円程度ということになる。

ここからいくら、貯金ができるのか。公的な統計はないが、筆者がこれまで一〇〇名以上の実習生からヒアリングした結果によれば、実習生が月に使う生活費は二万円から三万円程度だ。手取りが一一万五〇〇〇円で、三万円使っても八万五〇〇〇円貯金できる。入国後の最初の一か月は講習のため給与が出ない（六万円程度の講習手当ては出る）が、単純に残りの三五か月間貯金すれば、三年間で二九七万五〇〇〇円（八万五〇〇〇円×三五か月）貯金できる。これに加え、年金の脱退一時金が約三〇万円程度、戻ってくる。

日本の社会保障制度は、国籍に関係なく、日本に居住していれば、日本人同様に適用される。

面接にはベトナム人通訳者が入る

そのため、実習生にも厚生年金保険の加入が義務付けられている。被保険者期間中に障害または死亡といった保険事故が発生すれば、保険給付がある。脱退一時金とは、そうした保険事故が発生しない場合の、厚生年金保険料の掛け捨て防止のために、短期滞在の外国人を対象に支給される一時金だ。その額は収めた保険料により異なるが、約三〇万円を先の数字に加えると、約三三〇万円になる。技能実習生が口にする「三年で三〇〇万円」は、決して非現実な数字でないことがわかる。何より、これまで日本で働いた実習生の体験談や、彼らがもたらした戦利品の数々が、三年三〇〇万円という目標を補強しているのだろう。

†採用予定人数の二〜三倍を面接

話が脱線したが、実習生の面接に戻る。

面接は二班に分け、四人ずつ行われた。午前の部は午前九時四五分に始まり、終わったのは一一時三一分。昼食をはさみ、午後の部は一時に始まり、終わったのは午後三時八分だった。

北関東の自動車部品会社にとっては初めての実習生の受け入れで、質問は細部に渡った。

自動車部品会社社長は、実習生の採用を決めた理由をこう話した。

「アルバイト情報媒体にお金を出して募集広告を出しても、人が集まらない。失踪しない限り、確実に三年間働いてくれる実習生という存在は、企業からすればとても貴重だ」

実習生の面接はどのように行われているのか。筆者が参加したホーチミン市の日本語学校内で実施された面接の様子を書き残しておきたい。

会議室の大きな楕円型のテーブルをはさみ、面接者と実習生が向かい合う。採用者は二名だったが、候補者は全員で八名。これまでに筆者が取材した送り出し機関関係者の話をまとめると、面接では採用者に対して二から三倍の数の候補者を準備するのが通例のようだ。この日は採用予定人数の四倍だ。送り出し機関の幹部に話を聞くと、

「企業から求人が届くと、校内に張り出し、面接希望者を募ります。今回の募集職種である工業包装は人気職です。屋外の農業や建設作業などとは違い、室内での作業は人気があります。この会社の場合、残業も多く、行きたい人は多いでしょう」

面接者側のテーブルには、候補者八人分のプロフィールを一枚にまとめた紙と、個々の履歴書があった。履歴書は面接前に企業側に共有されている。

プロフィールがまとめられた紙には、名前と顔写真、性別や年齢、出身地などの基本情報が

入っていた。最終学歴を見ると、高校卒が五名、短大卒が一名、中学卒が二名だった。採用選考で利用されるSPIのような、計算力と読解力の試験結果も掲載されていた。興味深いのは、結果と学歴に相関が見られないことだ。中学しか卒業していないGさん（男性・二一歳）の点数が、八人の中で最も高かった。面接では高校に進学しなかった理由について、家庭の経済的な問題と話していた。

†親の月収は一万円から一万五〇〇〇円

それぞれの履歴書には、日本のそれで見られるように学歴や職歴を記入する欄があった。工業包装作業の面接だったが、過去に同様の作業をした経験のある候補者は八人中一人だった。ほかの候補者は、農業や保険外交員など、工業包装とはおよそ関係のない仕事に従事していた。

履歴書には家族構成を記入する欄もあり、親の平均月収まで記載されていた。親の仕事を見ると八人中四人は農家で、その月収は一万円から一万五〇〇〇円だった。最も高い親の月収は三万円で、仕事の内容は左官だった。志望動機欄には八人ともが「お金を稼いで家族を助けたい」と書いていた。その他、喫煙の有無や飲酒について記入する欄もあった。喫煙習慣のある者は一名で、飲酒習慣のある者は六名だった。パスポートの取得の有無を答える欄もあり、八人中七人が、日本へ技能実習に行くために、すでにパスポートを取得していた。

実習生候補者は、みな白のワイシャツを来て、黒いパンツをはいていた。シャツはベルトのなかに入れる「シャツイン」スタイルだ。それぞれ、ネックホルダーに1~8の番号を書いた紙を入れ、それを首からつるしている。

「失礼します」

一人ずつ大きな声であいさつし、実習生候補者が礼をして面接会場に入ってくる。全員が揃ったところで、再びおじぎをし、送り出し機関のスタッフが座るように促すと、また全員が「失礼します」と言って着席した。

面接開始を前に、送り出し機関のスタッフが実習生候補者に両手を水平に上げるように指示をした。

「グーパーを繰り返してください。皆さん、緊張しているんで、まずはリラックスです」

ようやく、実習生候補者が白い歯を見せる。

面接は、送り出し機関が準備した面接シートを元に、監理団体のスタッフが質問をする形で進められた。仕事関連の質問だけではなく、家族や健康面への質問もあった。最後に実習生候補者から質問を受け付けると、最初に手を挙げた候補者はこう言った。

「日本で仕事をする前に、何を準備すればいいですか?」

次に手を挙げた候補者は、

「不良品があった場合、どうすればいいですか?」

その後も同様の質問が続いた。質問ではなく、仕事への姿勢を見せるアピールに見えた。

不合格が続くと退校処分

合格者は即日、発表される。八人から合格者を絞り込む中で、思わぬ点がある候補者の問題になった。その候補者は付き合っている彼女がいると言い、その彼女は実習生として日本にいると答えていた。しかし、彼女が技能実習をする名古屋市は、受け入れ先の自動車部品会社のある北関東の都市からはほど遠い。

「彼女に会うために、日本国内に入ってから、失踪するリスクが高いんじゃないか」

そんな懸念を自動車部品会社の社長が持ったのだ。最終的に彼は採用されたが、こうした点が採用の可否に影響が出るのは実習生ならではだろう。

送り出し機関関係者と監理団体、受け入れ企業の話し合いが二〇分程度続き、二名が選ばれた。別の部屋で待つ候補者の前に送り出し機関の関係者が現れると、みな、緊張した面持ちになる。合格者の名前が告げられると、合格者は喜びを隠せなかった。

「どうも、ありがとうございます」

そう言って、他の実習生候補者たちと握手をする。合格したうちの一人は、これまでに四度、面接に落ちていた。喜びもひとしおだろう。

送り出し機関幹部によれば、一回、二回の面接で合格することは稀だという。

「大半は田舎から出てきたばかりの若者たちです。正装するだけでも緊張します。ある程度の慣れは必要です」

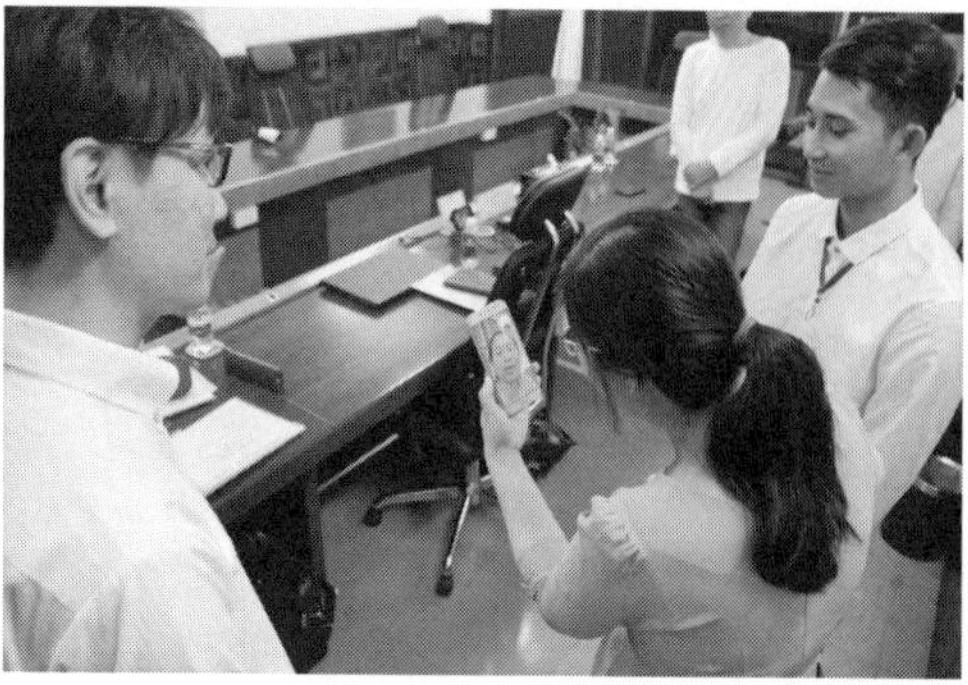
スカイプで母親をつなぐ

ただ、この送り出し機関では不合格になっても何度もチャレンジさせる方針だが、送り出し機関によっては複数回不合格になると、退校を求めるところもあるようだ。

合格発表後、合格者は再び面接の部屋に戻り、受け入れ企業の社長に挨拶をした。握手をし、社長と一緒に記念撮影もする。

送り出し機関の職員に促され、合格者の一人がSkype（スカイプ）コールで田舎に住む母親にビデオ通話をかけた。受け入れ企業の社長が、ベトナム人通訳を介し、挨拶をする。画面に映った母親は顔をくしゃくしゃにさせ、精いっぱい手を振っていた。

会話が落ち着いた時点で、送り出し機関の関係者が保護者にこんな話をしていた。

「これまで見たこともないようなお金が送られてきます。きちんと、子どものために使ってください」

なぜ、そんな忠告をするのか。送り出し機関の日本人幹部はこう答えた。

「実習生が送ったお金で家が建てばいいですが、なかにはギャンブルで子どものお金をすべて使ってしまうケースも実際にあります。送り出す親にも心の準備が必要なんです」

†面接の翌日は家庭訪問

面接の翌日、ホーチミンを出発し、ベンチェ省の、ある村に向かっていた。家庭訪問のためだ。この送り出し機関では、面接翌日に可能な限り、受け入れ企業と一緒に合格者の家庭を訪れるという。その狙いを送り出し機関の幹部はこう説明した。

「ベトナムの地方では、今でも子どもがとられるんじゃないか思っている人が多い。受け入れ企業の社長が顔を出せば、安心します。顔を合わせ挨拶することで、失踪のリスクも低くなります。受け入れ企業に対しても、実習生たちが育ったベトナムの田舎を見てもらうことはプラスです。送り出し機関が事務所を構えるハノイやホーチミンなどの都市部から実習生がくることはほとんどありません。大変な場所から頑張って働きにくるんだと、実習生への受け入れ企業の視線が変わるんです」

この日はあいにく、前日の合格者の故郷がホーチミンから北に一〇〇〇キロ以上離れたゲアン省の出身者だったため、家庭訪問を断念。そのため、前日にスカイプでのビデオ通話で親との挨拶を終わらせていた。

しかし、送り出し機関の「実習生たちの原風景を見て欲しい」というリクエストで、元技能実習生で、同社スタッフのグエン・ヴァン・チュンさん（二六歳）の故郷に向かっていた。

ホーチミン市から南西に約九〇キロ。ホーチミン観光の定番であるメコン川クルーズが楽しめるメコン川を超えた。車に乗って二時間以上が経ち、ようやくチュンさんが生まれ育った村に到着した。ココナッツを積んだバイクが行き交い、河辺では筋肉隆々の屈強な若者たちがココナッツの皮をはいでいる。車のサイドガラスを開けると、車中に甘い香りが充満した。

我々、日本人のご一行を、村の人は珍しそうに眺めていた。家の軒先で集まっていた人たちの一人が我々に向かって、こう叫んだ。

「アジノモト」

日本の調味料である「味の素」のことである。ベトナムでは家庭料理にしばしば使われる母の味だ。この国で最も有名な日本語はこの「アジノモト」か、バイクの「ホンダ」だろう。日本語で声をかけようと思った結果、自然と出てくる言葉がそれなのだ。

チュンさんの自宅

チュンさんの家のトイレ

チュンさんが自宅に招いてくれた。敷地内には、牛舎やにわとりなどを飼うスペースもあり、広々としていた。家の最も奥に小さな池があり、何かと思うとトイレだった。この池の端に木枠が組まれ、左右の木の板に足を置き、用を足す形になっている。ティッシュを棄てるための木のかごも備え付けられていた。ベトナムの田舎はボットン便所が大半だったが、こうした自然のままのトイレは初めて見た。人間の糞便が魚の肥やしになっている。

現在五〇代の受け入れ先企業の社長が唸った。

「私の幼少期は日本もボットン便所だったけど、さすがにこれはなかったね」

†買ったミシンで縫製工場を開設

チュンさんは地元の高校を卒業後、自動車整備士を目指し、職業訓練校に入校した。将来はホーチミンに出て働こうと考えていた。チュンさんはこう振り返る。

「田舎は嫌だった。友達も村を出ていく。村にはココナッツ以外の仕事はありません」

ココナッツの皮をはぐ人たち

しかし、自動車整備の仕事は好きになれなかった。いつも手は油まみれで、当時つき合っていた恋人に「臭い」と言われた。そんなとき、YouTube（ユーチューブ）で日本の映像を見た。ベトナムのテレビ番組が日本について特集した番組で、日本人は真面目で勤勉、とてもいい国だと紹介していたという。

「両親には反対されましたが、日本に行くこ

チュンさんと母親。年金の脱退一時金で買ったというバイク

とを決めました。当時、日本の技能実習が流行り始めていて、自分の村から先に日本に行った人から「頑張れば三〇〇万円貯金できる」と聞きました」

　チュンさんは二〇一四年八月から、兵庫県小野市で三年間を過ごした。機械検査（機械検査作業）の実習生として日本に来たが、金属製品を段ボール箱につめる作業を三年間繰り返した。完全な違反だろう。箱詰めだけの作業は機械検査作業に含まれない上、技能実習法では必須作業を業務に従事する時間の二分の一以上することと定められている。関連業務は時間全体の二分の一以下、周辺業務は時間全体の三分の一以下だ。

　ともあれ、チュンさんの家には、戦利品が溢れていた。三年間で送金した約三八〇万円は、実家の敷地内に建てた弟の家、バイク二台、ミシン一五台に姿を変えていた。ミシンを使って縫製工場を立ち上げ、その工場を母親が取り仕切っているという。

†帰国後は日系企業で働く

実習生が日本を目指す理由は「三〇〇万円」を稼いで、国に帰って家を建てたり、商売を始めたりするだけではない。帰国後の生活も見据えている。

ハノイ市内から車で約一時間半にあるハイズオン省のある村で、元実習生のグエン・ヴァン・ダットさん（三二歳）に出会った。日本に来る実習生の大半は高卒や中卒だが、ダットさんは大学を卒業した珍しいタイプだ。しかも、ベトナムでは最難関校の一つである国立ハノイ工科大学の出身。高校時代は約二〇〇人中、上から二番目の成績だったという。

自宅で取材に応じるダットさん

ダットさんは大学卒業後に、日本のヤマハ発動機のベトナム法人から内定を得た。「ベトナムの大卒としては最高クラスの初任給」（ダットさん）を提示されたが、それでも日本円で四万円程度だったという。

「ベトナムでは大卒でもまだまだ給与のいい仕事はありません。一〇年後に自分の給料が一〇万円になっているイメージを持てなかった」

同時期に受けていた日本企業の実習生の面接に合格し、ダットさんは日本行きを決意する。二〇一二年三月、東海地方

フンイエン工業団地に続く道

の大手工作機械メーカーの実習生として来日。給料は月額約一三万円、住居費などを引かれた手取り額は約九万円だった。確かに「ベトナムの大卒としては最高クラスの初任給」の三倍以上を稼いだ。

「生活費として使ったのは二万円程度です。最低六万円は貯金できました。仮に送り出し機関に払うお金をすべて金利の高い銀行から借りたとしても、一年以内に返済し、三年間で年金の脱退一時金も合わせて二〇〇万〜三〇〇万円を国に持って帰ることができます。これがベトナムの若者が日本に期待する平均的な夢でしょう。ハノイ市内では難しくても、地方ならそれだけのお金があれば、まだ家が建ちますし、お店を開くことができます」

ベトナム人が実習生として日本を目指す理由を、ダットさんはそう解説した。

こうした動機は本章で繰り返し述べてきたが、それだけではない。

「日本で技術を学び、日本語が話せるようになると、ベトナム国内の日系企業から高いポジションで採用してもらえます」

ダットさんは現在、フンイエン省の工業団地にある日系企業の生産技術課長として働いている。月収は一二〇〇ドル（約一三万円）。ベトナムの国内企業のサラリーマンとしては、相当高い月収だという。

外務省の海外進出日系企業実態調査（平成三〇年要約版）によれば、ベトナム国内の日系企業数は一八一六拠点。近年は毎年八％前後ずつ増加し続けている。ベトナムに帰っても、日本での経験を生かして、ベトナム企業より賃金の高い日系企業で働ける――そんな希望も、日本を目指す実習生の増加を後押ししているようだ。

†技能実習制度のタブー「前職要件」

ダットさんは実習生として来日した翌年、ベトナムに帰国している。実習生としての滞在は一年三か月だった。実習先の大手工作機械メーカーがベトナムに工場を建設し、そこの幹部スタッフとして働くことを提案され、ダットさんはそれを受けたのだ。現在は別の日系企業で働くダットさんだが、日本で学んだ技術をベトナムに移転するという、まさに国際貢献を目的とする技能実習制度のモデルのようなケースだ。

技能実習制度の目的が、技能実習法で示された通り「人材育成を通じた開発途上地域等への技能、技術又は知識の移転による国際協力を推進すること」であれば、こうしたダットさんのようなケースがたくさんあっていい。日本で学んだ技術をもとに実習生が起業し、自社の従業員に技術が伝わるという形も望ましいだろう。

ただ、そうしたケースは稀だ。実習生が日本を目指す目的は、技能や技術の修得ではなく、ほとんどの場合、出稼ぎだからだ。実習生を受け入れる日本側も、国際貢献として技能実習生を受け入れている企業はないに等しいだろう。技能実習制度はその基本理念を「労働力の需給の調整の手段として行われてはならない」（第三条二項）としているが、実態は労働力の確保だ。ジツコの「労働条件等に係る自主点検実施結果の取りまとめ」（二〇一七年一〇月）によれば、技能実習の実習実施機関の約六割は従業員一九人以下の零細企業だ。そうした企業に、国際貢献に寄与する余力があるとは思えない。

技能実習制度の本音と建前が如実に出ているのが、技能実習業界では最大のタブーとされている「前職要件」だろう。法務省令（外国人の技能実習の適正な実施及び技能実習生の保護に関する法律施行規則）のなかで、こう示されている。

「技能実習生は、日本において従事しようとする業務と同種の業務に外国において従事した経験を有すること又は団体型技能実習に従事することを必要とする特別な事情があることが必要」（省令第10条第2項第3号ホ）

例えば縫製の実習生として日本を目指すなら、母国でも縫製の仕事をした経験が求められるということだ。そして、ベトナムの縫製工場では学べない知識や技術を日本で学び、それを母国に持ち帰る。それが結果として、日本の国際貢献になるという建付けなのだ。

これまで「又は」以下はほとんど認められてこなかったが、二〇一七年に技能実習制度の対象職種に介護職種が追加されて以降は、「特別な事情」が該当する例が具体的に示されるなどし、前職要件が緩和されている。実習生の受け入れは平均年齢の若い東南アジアが中心で、そうした国で介護業務に従事した経験を持つ若者を探すのは難しいからだろう。

この前職要件の何がタブーかと言えば、実習生を送り込むために、職歴の偽装が行われていることだ。ハノイにある大手送り出し機関の幹部は話す。

「経験者だけを探していては、まったく人が足りません。職歴を偽造しないと、日本企業が求めるだけの数の人材を送れません。一件一〇〇ドル程度で偽造書類の作成を請け負う会社があるほど、職歴の偽造は常態化しています」

これは何もこの幹部が話すだけではなく、複数の送り出し機関関係者、日本サイドの監理団体関係者が口を揃える公然の秘密だ。溶接など、一部では経験が求められる仕事もあるが、大半の職種では職歴は問われない。なぜかと言えば、日本サイドの実習実施企業が求めるのは「単純作業に就く労働力」であり、実習生が求めるのは知識や技術ではなくお金だからだ。

職務経歴を偽造するための期間が必要になるため、高校卒業と同時に実習生に応募することはできない。最低、半年程度の職歴が必要になるため、実習生として応募できるのは最速でも高校卒業後の半年以降になる。

一方、職歴を偽造するために、学歴のグレードダウンをするケースもあるという。

「大学卒業後すぐに応募した実習生の場合、職歴を作るために大卒を高卒に変えることがあります。ただ、学歴を高卒にしてしまうと、高度人材向けの在留資格「技術・人文知識・国際業務」への挑戦が難しくなります。家族帯同が許され、単純労働ではないため、給料も実習生よりは高く設定される在留資格ですが、大学卒業が在留資格申請時の大きな判断基準になっているためです」（先の幹部）

読売新聞が二〇一八年末に、ベトナム人を専門に受け入れる全国七八の監理団体に職歴偽装について取材している。その結果、回答した六二団体の半数近い三〇団体が「（職歴が）事実でないと思っている」と答えたようだ（読売新聞二〇一九年七月一二日大阪朝刊「職歴偽装　日本側も黙認　実習生受け入れ団体証言」）。

しかし、知らないふりをしている団体も多いだろう。実態は、もっと多いのではないか。実習生の認定に際しては、前職要件を証明する「同種業務従事経験等証明書」を外国人技能実習機構に提出する必要がある。虚偽の申請は入管難民法違反に問われるが、知らぬが仏ということか。

「入国管理局が在職証明書に記載された企業に電話などで確認することはまずない。仮に電話があっても問題はない。電話先は事情がわかっているから、適当に対応する。たとえ書類が偽造でも、在職証明などの書類が揃っていれば、現状は在留資格が認められている。それが偽造かどうかは、知ったことではない」

関東にある監理団体幹部は「くだらないことを聞くなよ」と言わんばかりに、そう筆者に説明した。

†帰国後に役立つのは「日本語」

前職要件が欺瞞に満ちていることは、実習生の帰国後の生活を見れば、よくわかる。

何度も繰り返すが、技能実習制度は本来、人材送り出し国への技術、知識移転を目的とした制度だ。そのため、実習生は「本国に帰国後本邦において修得等をした技能等を要する業務に従事することが予定されていること」と、技能実習制度の運用要領にも明文化されている。と び職の技能実習生として日本で経験を積んだならば、母国に帰ってもとび職として働いていなければおかしい。実態は、どうなのか。

帰国後の実習生の実態に関する調査としては、外国人技能実習機構が実施する「帰国後技能実習生のフォローアップ調査」がある。公開されている最新の平成三〇年度版を見ると、九八・二％の人が技能実習期間を通じて学んだことが「役に立った」と回答している。帰国後に「雇用されて働いている」、「雇用されて働くことが決まっている」、または「起業している」と回答した者のうち、従事する仕事の内容が「実習と同じ仕事（四八・二％）」、または「実習と同種の仕事（一九・八％）」と回答した人は合わせて六八・〇％となっている。一見、技能実習制度がその目的通りに機能しているように見える。

ただ、現場を取材した肌感覚で言えば、この数字は到底信じられるものではない。そもそも、調査方法が不自然で、帰国後の実習生の実態を正確に捉えているとは思えない。

同調査の結果は二〇一九年一〇月一日に公表されているが、その調査対象は二〇一八年八〜一一月の間に技能実習を終了し、帰国した実習生だ。帰国直後の調査で、実態は摑めるのだろうか。さらには、同調査は監理団体を通じて調査票を配布し、帰国後に実習生自らが郵送料のかからない返信用封筒に入れて調査票を送る形で実施されており、回収率は二七・〇％に過ぎない（調査対象数：一万九四六八。有効回答数：五二五七）。

もっとも、実習生の多くは三年、または五年の技能実習を終え、少なからずお金に余裕はあるはずだ。長期間の海外生活を終え、今後のキャリアを考える上でも、そうすぐに仕事に就くとも思えない。何より、筆者がハノイやホーチミンで出会った元実習生は三〇人を超えるが、日本に行く前と同じ仕事をしていた人間と出会ったことはない。

帰国した実習生に関する数少ない調査研究のなかで、広島文教女子大学講師の岩下康子氏の論文（二〇一八年「技能実習生の帰国後のキャリアの考察――ベトナム人帰国実習生の聞き取り調査を通して」）は筆者の実感に最も近かった。調査対象はハノイ市とその近郊に住む二〇代、三〇代の元技能実習生二〇名（男性一二名、女性八名）。二〇一七年から二〇一八年にかけ、岩下氏が一人当たり六〇分程度のインタビューを行い、彼らのその後を聞き取っている。調査対象者の日本への渡航時期は二〇〇七〜二〇一五年と幅はあるが、帰国直後の調査ではないため、より実習制度のその後を知る材料としては実態に近いと思える。

岩下氏の調査によれば、インタビュー時に日本での技能実習中に従事した職種とリンクする元技能実習生は一人もいなかった。実習中を通じて何を学び、帰国後に何が役に立ったかという問いには、全員が「日本語」と答え、日本で学んだ「技術や知識」と答えた人はいなかった。

†大学でITを学び、日本で魚を切る

筆者が岩下氏の調査に共感したのには理由がある。岩下氏がインタビューした二〇名のうち、実に一三名が日本語教師として働いていたことだ。送り出し機関が運営する訓練センターで働く日本語教師へ取材した経験も複数回あるが、確かに元実習生が多いと感じていた。ハノイの送り出し機関が運営する訓練センターで日本語講師として働くドー・チィ・ホンさん（二五

歳）もその一人だ。

ホンさんは三人姉妹の次女で、ベトナム北部最大の港湾都市・ハイフォンの野菜農家に生まれ育った。姉は結婚し、今も地元で生活をしているが、妹はホンさんと同じ実習生の道を選択し、愛知県の電子部品工場で働いているという。

ホンさんは高校を卒業後、将来性があると感じ、公立大学に進んでＩＴを勉強したが、「将来のために」大学を中退した。ホンさんはこう話した。

「いくらＩＴの勉強をしても、勉強した知識を活かせる場所がありません。大学の先輩を見ていると、仕事が見つからずに困っていました。家族の経済状況もよくなかったので、家族を助けるために日本に行こうと思いました」

訓練センターで取材に応じるホンさん

幼いころから日本への憧れは強かった。日本のアニメに親しんで育ち、特にドラえもんが好きだった。日本に行けば、ドラえもんの家や、ジャイアンたちが遊ぶ公園に行けると胸をときめかした。そして何より、日本行きを決めた根底には高校時代に見た風景があるとホンさんは言った。

「子どもみたいに見えた人が、日本に行って帰ってくると、大人びた感じになっている。そして、家が建ったり、お金をたくさん持って帰ったりします」

ホンさんは二〇一三年から三年間、福井県の総菜製造工場の実習生として働いた。大学時代に勉強したITとはほど遠い仕事だ。ホンさんは毎日、朝の三時半から一二時まで働いた。魚やイカを切ったり、冷凍庫のなかを片付けたりする作業をした。

職場はホンさんともう一人のベトナム人実習生がいたが、ほかは中国人実習生が五人、そして日本人が二四人いたという。

「周りにベトナム人が少なかったので、日本語を話す機会が多かったように感じます。休みは週に一日しかなかったですが、市民団体が無料で開放していた日本語教室に通って、日本でも日本語の勉強を続けていました。それが帰国後の仕事にも結びついて、本当に良かったと思います」

実習期間中にN3相当の日本語力に到達したホンさんは帰国後、現在働く送り出し機関の日本語教師の職を得た。多くの送り出し機関では、N3が日本語教師採用基準になっている。ホンさんは現在、日本を目指すベトナム人と向き合う毎日だ。

小学校時代にドラえもんとコナン

ホンさんが日本語教師として働く送り出し機関自体が、帰国した実習生の受け入れ機関になっていることにも注目したい。専門的な知識や技能を学んだわけではない多くの実習生の強みは「日本を目指し、日本で働いた」という経験だ。

日本で三年間働いたからと言って、日本語が上手くなるわけではない。同じ国の実習生が多く、工場などの会話の少ない職場であれば、まったく日本語は上達しない。それでも、日本で働いた経験は生きる。その経験を活かすため、再び日本を目指す若者たちに「知識・技能移転」しているとも言えるだろう。日本を目指す実習生は増え続け、新しい特定技能という在留資格で日本へ行く道もできた。同時に、送り出し機関自体も拡大し、そこで働く人材の需要もある。送り出し機関自体が、帰国した実習生の大きな受け入れ先になっている。

ハノイ市の送り出し機関の幹部はこう話す。

「日本人にとっては最低賃金でも、一度日本でお金を稼いだ彼らが国に戻ると、月収二万円、三万円では働けなくなる。給料も高い送り出し機関が最高の就職先だ」

ベトナム北中部のトゥアティエン・フエ省出身のドアン・グエン・フォック・アンさん（二八歳）は、ホーチミン市にある送り出し機関で働く。アンさんは高校卒業後、地元の短期大学に進学。短大卒業後は地元企業の経理部門で働いた。給料は約三万円で、地元では「いい給料だった」（アンさん）が、日本で実習生として働く知人のFacebook（フェイスブック）の投稿に、日本への思いを抱くようになったという。

「旅行に行ったときの写真を投稿していて、日本の綺麗な風景に憧れました。連絡をとると、「日本で働けば一〇万円を貯金できる」とも聞きました。元々、日本のことは大好きです。小学校時代はドラえもんと名探偵コナン。中学時代はドラゴンボールや犬夜叉にハマりました。日本の漫画とアニメが大好きで、今でもユーチューブなどで見ています」

アンさんはその知人に送り出し機関の紹介を頼み、二〇一五年四月から名古屋の建設機器メーカーで技能実習を始めた。日本へ行くためにかかった費用約五〇万円は、全額親が準備してくれた。

†就職先としての送り出し機関

実習先の会社は従業員三〇人程度の小さな会社だった。そのうち、四人がベトナム人の実習生だった。出張が多く、残業も多い。現在、送り出し機関のスタッフとしてたくさんの求人情報を知る現在のアンさんの立場からしても「当たり」だった。八月はお盆休み中にも出張、残業があり、手取りは最高で二三万円を超えた。時給も二年目に五〇円、三年目には一〇〇円上がった。

お金は自分のためにも使った。趣味のカメラの購入に約四〇万円、最新型のノートパソコンに約一五万円、三か月に一回程度はカメラを持って国内旅行に出かけた。東京ディズニーランドや、世界遺産に登録された岐阜県の白川郷には二度足を運んだ。

技能実習期間中に中古のアイフォンを五、六台買って、家族にプレゼントした。三年間は自分のためには一切お金を使わず、せっせと貯金する実習生が多い中、アンさんはお金を使ったほうだろう。それでも、二〇一八年四月に二五〇万円を持って帰国した。

帰国後のことを考え始めたのは「技能実習の三年目です」とアンさんは話す。

「また日本に戻ってきたいと強く思いました。そのために、日本語もしっかり勉強しました。日本人社員とのコミュニケーションが多い現場で、そうした意味でもラッキーでした。帰国前からホーチミン市の日系企業にコンタクトを取り、働ける場所を探しました。日系企業に入れば、また日本に行くチャンスがあると考えました」

その受け皿となったのが、送り出し機関だった。現在は、主に日本語教育を担当している。教師として教壇に立つのではなく、講師のスケジュール管理や、カリキュラムの作成などを担当する。給料は日本円で約七万円。ベトナムの企業に比べれば、高いという。

二〇一九年一〇月、ホーチミン市内のアンさんのマンションを訪ねた。新築の分譲マンションに、五月に結婚したばかりの奥様と二人で暮らしている。友人を通して知り合った彼女はアンさんとは別の送り出し機関で日本語教師として働くが、元技能実習生というわけではない。大学時代に日本語を専攻したという。

新婚生活を送る新築マンションに招いてくれたアンさん

奥さんは日本語教師

急激な経済成長で、中間層が膨らむベトナム。一人当たりGDPは約二四〇〇ドル（二〇一七年）で、一〇年前の約三倍だ。日本で言えば、一九七〇年代前半の状況である。一人当たりGDPが三〇〇〇ドルを超えればモータリゼーションが進み、一万ドル以上は先進国の水準と言われる。ベトナムの成長はまだまだこれからだ。三世帯同居が普通だったベトナムも、サービス業の拡大で若者たちが都市部に出てきつつある。住宅の価値は上がり、不動産投資をする送り出し機関幹部も多い。二〇一八年一二月に六五〇万円で買ったばかりのアンさんのマンションも、すでに価値は七五〇万円になっているという。

毎週日曜日の日課は、奥さんとホーチミン市を代表する複合型施設ビンコムセンターで映画を見て、ショッピングをし、食事をすることだという。日本語の勉強は欠かさず、ユーチューブで奥さんと日本のアニメやドラマを見ることも多い。最近見て面白かったものはと尋ねると、「僕だけがいない街」と「ナミヤ雑貨店の軌跡」の二作品を挙げた。

「子どもは二人欲しい。そして、子どもが大きくなったら今のマンションを売って、もう少し街中に新しいマンションを買いたい。2LDKに四人で暮らしたい」

冷蔵庫は日立、洗濯機は東芝。ピカピカの日本の白物家電が並ぶ1LDK五六平米の部屋で、アンさんは未来を語った。

第二章　なぜ、派遣費用に一〇〇万円もかかるのか

†日本語飛び交う売春クラブ

ベトナムの首都・ハノイ市内にあるその高級ホテルの名前を、ベトナムの実習生に関わる人であれば、一度は聞いたことがあるという。そのホテルに足を運んだのは、水曜日の午後七時頃だった。正面玄関から距離を置き、出入りの様子を窺った。

ホテルの正面の車寄せに、フォード社のトランジットが止まる。なかから、片手にビジネスバッグを持ち、白いワイシャツを着たベトナム人が、日本人を引き連れ、ホテルに入っていく。一目で、それが送り出し機関ご一行様とわかる。ホテルに入った正面にフロントがあるが、集団は入り口横にある地下へと続く階段に吸い込まれていく。約三〇分の間に、そんな光景を二

回見た。

筆者も階段を降りる。胸元を露わにしたドレスをまとう若い女性たちに「イラッシャイマセ」と出迎えられた。店内は暗く、正面にあるステージでは、艶っぽい衣装を着た女性が歌い、男性客がその様子を眺めながらお酒を飲んでいる。

その正面にあるステージをはさむように、左右にカラオケ付きの個室が並んでいた。店のスタッフに、その一つに案内してくれるように頼んだ。スタッフの後に続きながら、ほかの部屋の入口にある小窓からなかの様子を窺う。日本人とおぼしき男性が、またぐらに女性を座らせ、後ろから抱きかかえるようにしてマイクを握っていた。

個室に案内されると、スタッフが女性を一〇人ほど連れて入ってきた。お酒を飲む相手を選べと言う。店は東南アジアにはよくある「KTV」(カラオケ・テレビ)と呼ばれるお店で、女性が隣に座り、一緒にカラオケやお酒を楽しむ。

ずらりと立ち並ぶ女性から一人を選ぶ。女性は一礼し、筆者の横に体を密着させるように座った。単なるKTVではないことは、すぐにわかった。

「オニイイサン、カッコイイネ」

「ワタシ、トテモ、スケベデス」

事前にこの店の女の子はたいてい日本語が話せると聞いていたが、その語彙はひどく偏っていた。英語は通じず、ベトナム語がわからなければ、会話が成り立たない。それでも、女性の肩に腕を回すと、こちらに体を預けてきた。

その店で「ママ」と呼ばれる年配の女性スタッフは、筆者にこう説明した。

「気に入った女性がいれば、部屋に連れて帰れます。別のホテルでも大丈夫です。ショート（二時間）は一五〇ドル（約一万七〇〇〇円）、ロング（朝まで）は三〇〇ドル（三万三〇〇〇円）です」

店がある地下一階のエレベーターから、フロントを通ることなく、客室のあるフロアまで女性を連れて行くことができる。ほかのホテルに連れ出すことも可能だが、その場合は追加で五〇ドルが必要だと説明を受けた。

一時間ほど飲んで店を出た。ベトナム人通訳と筆者の二人で約三万円。女性を連れ出さない場合でも、チップとして六八万ドン（約三四〇〇円）を女性に払う必要があった。

†送り出し機関が日本企業を接待

ベトナムで買売春は禁じられている。買春行為は五〇万〜一〇〇万ドン（約二五〇〇〜五〇〇〇円）の罰金が科される。政府のおひざ元であるハノイ市は、規制が厳しい。ホーチミン市と比べ、風俗店の数も少ない。その数少ない店の一つが、冒頭のホテルというわけだ。

ハノイの日本人街kim ma通りにはたくさんの日本人向けＫＴＶが並ぶ

「あなたがジャーナリストなら、ベトナムで何が行われているかを知って欲しい」

　ホテルのことを教えてくれたのは、ある送り出し機関の社長だ。ハノイ市内に売春クラブを併設した高級ホテルが二つあり、日本の監理団体や企業の接待場所になっているという。社長は言った。

「売春は非合法ですが、そこだけはベトナム政府公認の売春クラブとも言われています」

　社長は、仮に取材として潜入しても、そこのホテルの名前や、店内の撮影はやめたほうがいいと筆者に忠告した。何を大げさなと思ったが、その後、別の複数の送り出し機関の関係者からも同じ指摘を受けた。

　社長はこう続けた。

「日本の監理団体や企業が実習生の面接でベトナムに来た時には、送り出し機関が接待をします。売春クラブでの女性の連れ出し費用までは払いませんが、食事、マッサージ、夜のカラオケまでは、送り出し機関が負担しているケースが大半です」

売春クラブでの接待を求める客は一部だが、女性とカラオケを楽しむKTVでの接待程度は珍しくないという。なかには、観光やゴルフツアーの対応を求められることもあるようだ。

なぜ、そこまでする必要があるのか――。

†監理団体とは何か

送り出し機関と監理団体の力関係を知るために、まずは、実習生の受け入れの仕組みを説明したい。実習生の受け入れには二種類の方法があり、「企業単独型」と「団体監理型」に分かれる。前者は大手企業が海外の現地法人や関連会社の社員を自社で受け入れ、技能実習させる方法だ。

しかし、技能実習の実習実施機関の約六割は、海外に現地法人を持つような規模の会社ではなく、従業員一九人以下の零細企業だ。そのため、実習生全体の九五％以上は、後者の団体監理型で受け入れられているとは、既に述べた通りだ。一部の例外を除き、現在の実習生は団体監理型と考えていいだろう。

団体監理型において、実習実施企業（以下、企業と表記する）は直接、実習生を受け入れることはできない。実習生の受け入れを希望する場合、企業は「監理団体」を通して求人票を出し、監理団体が契約する海外の「送り出し機関」が募集した候補者を面接・採用し、雇用契約

技能実習生受け入れの流れ（団体監理型）

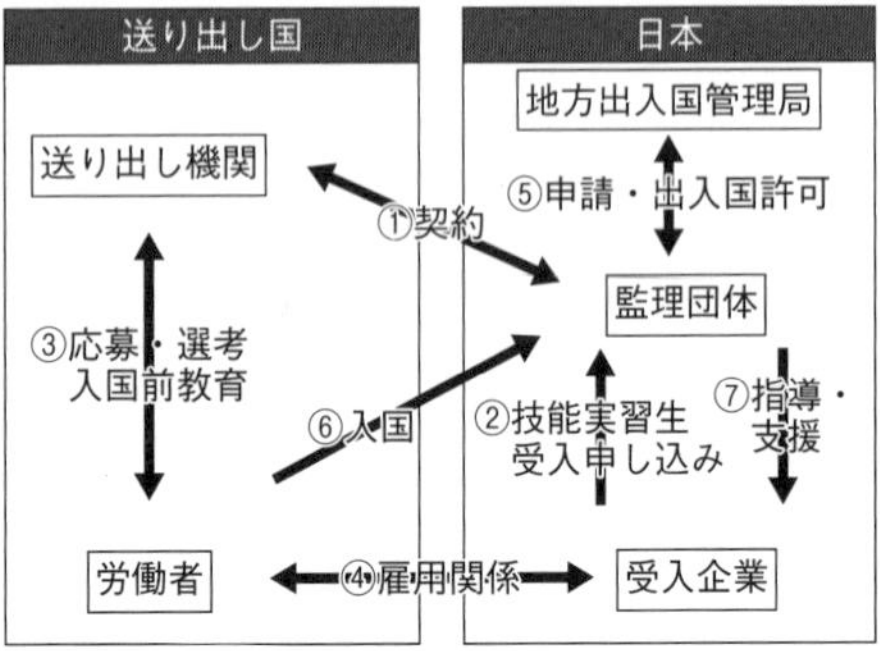

を結ぶ流れになる（上図参照）。

この監理団体が何かと言えば、技能実習の監督役と言えばいいだろう。実習生の生活を「管理」するのは企業だが、監理団体にはその一段上から技能実習計画が正しく行われているかどうかを「監理」する役割がある。

具体的な任務は四つある。まずは、企業に対する定期監査だ。三か月に一回以上の頻度（技能実習1号期間中は一か月に一回以上の頻度で監査とは別に訪問指導）で、実習生の四分の一以上と面談し、企業が認定された計画通りに技能実習を行わせているかを確認する必要がある。電話やスカイプ等での面談は認められず、実際に足を運び、帳簿書類や宿泊施設などの生活環境を確認することも求められている。

二番目は、入国した実習生への入国後講習の実施だ。これは先述の通り、送り出し国側で入国前の六か月以内に日本語や日本文化に関する一六〇時間の講習を行えば、入国後の講習は一か月で済む。

三番目は、技能実習計画の作成指導だ。企業が実習生を受け入れるためには、実習生ごとに実習計画書を作成し、外国人技能実習機構の認定を受ける必要がある。その実習計画の作成をサポートするのも、監理団体の役割の一つだ。実質、監理団体が書類作成を代行しているケースが大半だ。書類作成にあたり、事業所や宿泊施設の実地確認も必要になる。

四番目は、実習生からの相談対応だ。監理団体は、日本語だけではなく、母国語で相談を受ける体制を準備しなくてはならない。

監理団体は許可制で、商工会議所や中小企業団体などの非営利団体に限られる。ジツコによれば、監理団体の八五%は共同購買事業などを目的とする事業協同組合だ。その監理団体の許認可権を持つのが、二〇一六年一一月二八日に新設された外国人技能実習機構である。二〇一七年に施行された技能実習法で、実習生の保護と管理体制を強める目的で新設された組織だ。企業を監督する監理団体をさらに監理する立場にあり、監理団体の許認可の取り消しや業務停止命令を出すこともできる。

監理団体には、第1号団体監理型技能実習、または第2号団体監理型技能実習のみを行わせる「特定監理事業を行う団体」と、一定の要件を満たした優良な監理団体として第3号団体監理型技能実習を行わせることができる「一般監理事業を行う団体」の二種類がある。前者が一四二七団体、後者が一四八五団体ある（令和二年二月二一日現在）。

†送り出し機関とは何か

監理団体の外国側のカウンターパートとなるのが、送り出し機関だ。企業から実習生の依頼を受けた監理団体が、送り出し機関を通じ、求人票を出す。送り出し機関は求人票を元に候補者を募集し、選抜する。企業との面接を調整し、採用された実習生の入国までの書類手続きや教育も担当する。

送り出し機関とは、日本の行政による呼び方で、筆者もこうして送り出し機関と書いているが、ベトナムでは「海外労働者向け人材派遣会社」と言う。日本側の監理団体は非営利企業であるのに対し、送り出し機関は民間の営利企業だ。ベトナム政府が認定する送り出し機関は三五三社ある（令和二年三月一〇日現在）。

送り出し機関としては、監理団体からの求人票がなければ、ビジネスが始まらない。だからこそ、送り出し機関は監理団体を接待し、せっせと求人票を獲得するのだ。

すべての監理団体とは言わないが、この力関係を悪用する団体が少なくない。その象徴的なものが、求人票の見返りに監理団体が要求するキックバックだろう。複数の送り出し機関関係者から、こんな証言を確認している。

「ベトナム人実習生が増え、送り出し機関も増えるなか、「おたくはいくらくれるんだ？ほかでもいいんだぞ」とふっかけられることは少なくありません。日本の監理団体のツテがない新しい送り出し機関は、求人票を買わなければ実習生を募集できません」

†営業マンが残した裏金の提案書

手元に「協同組合のメリットに向けてビジネスポリシー」と題されたA4一枚の書類がある。筆者が東日本のある監理団体から提供を受けた。ベトナムの送り出し機関が二〇一八年秋頃にその監理団体を訪れ、営業資料として置いていったものだ。

そこには、その送り出し機関を使った場合のメリットが書かれている。単純な金銭でのキックバックにとどまらず、サービスは多岐にわたる。送り出し機関と監理団体の関係を示す貴重な資料なので、実物写真と共に全文を公開したい。日本語がおかしなところもあるが、原文のままとしている。

なお、題目に「協同組合」とあるのは、先述の通り、監理団体の大半が事業協同組合であり、法人名は協同組合となっているからだと考えられる。

「協同組合のメリットに向けてビジネスポリシー」

1. 実習生サポートサービス

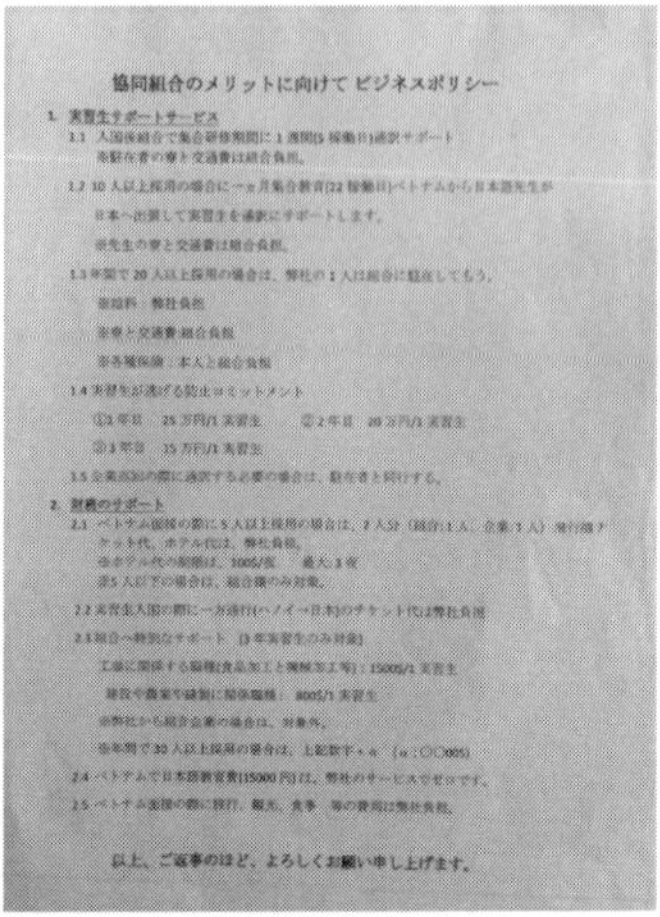

協同組合のメリットに向けて ビジネスポリシー

以上、ご返事のほど、よろしくお願い申し上げます。

ベトナムの送り出し機関営業マンが監理団体に置いていった資料

1.1 入国後組合で集合研修期間に1週間(5稼働)通訳サポート ※駐在者の寮と交通費は組合負担。

1.2 10人以上採用の場合に一カ月集合教育(22稼働日)ベトナムから日本語先生が日本へ出張して実習生を通訳にサポートします。※先生の寮と交通費は組合負担。

1.3 年間で20人以上採用の場合は、弊社の1人は組合に駐在してもらう。※給料：弊社負担 ※寮と交通費：組合負担 ※各種保険：本人と組合負担

1.4 実習生が逃げる防止コミットメント ①1年目 25万円／1実習生 ②2年目 20万円／1実習生 ③15万円／1実習生

1.5 企業巡回の際に通訳する必要の場合は、駐在者と同行する。

2. 財務のサポート

2.1 ベトナム面接の際に5人以上採用の場合は、2人分(組合：1人、企業：1人)飛行機チケット代、ホテル代は、弊社負担。※ホテル代の制限は、100$／夜 最大：3夜 ※5

名以下の場合は、組合様のみ対象。
2.2 実習生入国の際に一方通行（ハノイ↓日本）のチケット代は弊社負担
2.3 組合への特別なサポート（3年実習生のみ対象）工場に関係する職種（食品加工と機械加工等）：1500$／1実習生 建設や農業や縫製に関係職種：800$／1実習生 ※弊社から紹介企業の場合は、対象外。※年間で30人以上採用の場合は、上記数字＋α（α：○○00$）
2.4 ベトナムで日本語教育費（15000円）は、弊社サービスでゼロです。
2.5 ベトナム面接の際に旅行、観光、食事等の費用は弊社負担。
以上、ご返事のほど、よろしくお願い申し上げます。

†ベトナムから監理団体にテレアポ

効果がないと判断したのか、今では「84」（ベトナムの国番号）から始まる電話番号からの着信は少なくなったそうだが、二〇一八年頃まではベトナムの送り出し機関から監理団体に頻繁に国際電話がかかっていた。電話はもちろん、監理団体の職員のメールアドレスが出回り、メールによる営業攻勢も頻繁にあった。どのような営業かと言えば、先に紹介した文書のような内容だ。要は「サービスするから使ってください」ということだ。

先の文書に関し、説明を加えたい。

「実習生サポートサービス」のなかで注目すべきは、失踪者が出た場合の補償が書かれていることだ。監理団体は契約する海外の送り出し機関について、その会社概要や、その送り出し機関が海外政府から人材事業を行うことを認められていることを示す書類など、様々な書類を外国人技能実習機構に提出する必要がある。

その書類の一つに、海外送り出し機関との契約書がある。ただ、外国人技能実習機構に提出する契約書とは別に、こうした失踪者の金銭保証やキックバックなどの条件を定めた「裏契約書」を結ぶケースが多い。筆者の手元には、取材先から提供を受けた三つの裏契約書があるが、そのどれにも失踪者の保証に関する条項があった。監理団体側が送り出し機関側に強くリクエストするものと考えられる。

金銭による保証だけではなく、大規模な採用の場合（この会社の提案の場合、年間で二〇人以上）は、駐在員を配置し、実習生の管理をすることにも触れている。これは本来、監理団体がすべき仕事で、送り出し機関としては「何もしなくていいので、たくさん求人票をください」ということだろう。

次に「財務のサポート」だが、いわゆるキックバックが「組合への特別なサポート」という形で書かれている。興味深いのは、職種によって金額が変わることだ。ベトナムの実習生が増えたことで、ＳＮＳなどを通し、仕事の内容や賃金などに対する情報は共有されている。情報が蓄積されていった結果、人気職種と不人気職種が明確に分かれている。ハノイの大手送り出し機関幹部はこう話す。

「人気が高いのは、残業が多く、屋内の軽作業である仕事です。具体的な職種で言えば、機械加工や水産加工です。逆に人気がないのは、屋外で残業も少ない建設や農家。特に建設は給料に含まれない移動の時間が長く、拘束時間が長い。いまだに雨などで仕事がない日の賃金は払わず、働いた日数分しか賃金を払わない日給制というところもあります。低賃金で言えば、縫製も人気はありません。不人気職種は実習生が集まりづらく、キックバックも安くなります」

財務サポートのなかには、明確に「ベトナム面接の際に旅行、観光、食事等の費用は弊社負担」と書かれている。「等」のなかに本章の冒頭に描いた売春クラブでの接待なども含まれる可能性もある。条件によっては、ベトナムに来る際の旅費交通費（航空代とホテル代）を送り出し機関が負担すると財務サポートに書かれているが、あらかじめ売春クラブの入るホテルを予約することもあるようだ。

こうした営業電話が頻繁であるため、監理団体のなかには送り出し機関からの電話営業はお断りしますと、わざわざホームページに記載するところもある。なかには営業電話に辟易し、「お客を連れてきたら使ってやる」と対応する監理団体も少なくないようだ。監理団体に代わって営業し、実習生を採用する企業を見つけてきたら、そちらの送り出し機関から実習生を採用してあげるということだ。

†日本国内でも肉弾接待

北関東の監理団体幹部は、こんな経験も口にした。

「営業の電話がかかってきたときに、ちょうど組合で働く通訳を募集していたので「実習生はいらないが、通訳なら募集している」と話したんです」

すると、電話先の営業マンから日本国内にいる駐在員に連絡が入り、その駐在員から「通訳者を紹介する」と連絡が入った。待ち合わせに指定されたのは、一人一万円は優に超える料亭だったという。通訳者を紹介してもらうはずが、駐在員の横には短いスカートをはいた、いかにもな女性が座っていた。監理団体幹部は振り返る。

「ホテルも準備していると話すので、何を勘違いしているのか怒って帰りました。彼らからすれば、女性をあてがえば、私どもの組合と契約を組み、実習生を採用してくれると考えたのでしょう」

送り出し機関の営業努力が窺えるこんなエピソードもある。中部地方の新設の監理団体の幹部は話す。

「監理団体の許可申請中にベトナムの送り出し機関から営業電話があり、彼らの電話で監理団体として自社が認可されたことを知りました。外国人技能実習機構のホームページには、許可された監理団体の一覧情報が常に更新されています。最新情報をチェックして、送り出し機関の営業マンがすぐに電話をしてきたのです」

送り出し機関の営業マンが電話営業する姿を、ベトナム側から見た経験がある。パソコンを前に、営業マンが見ていたのはハローワークの求人サイトだった。筆者が声をかけた彼は「水産加工」担当で、それらしい求人はすべて電話するのだと説明した。確かにその営業マンは筆者と意思疎通できる程度の日本語能力はあったが、あくまで外国人が話す日本語。テレアポ営業で、どの程度の効果があるのかは疑問だ。その営業マンはこう話していた。

「三〇件電話すれば、一件くらいはアポイントがとれます。いくつかのアポイントがとれれば、日本に出張して営業します」

こうした彼らの営業努力もあるからだろう。先に紹介した営業マンが残していった書類には、キックバックの項目に「※弊社から紹介企業の場合は、対象外」とわざわざ注意書きが入っている。

†キックバックは現金手渡し

監理団体は非営利団体に限られると説明した。実習生の受け入れに関する監理団体の収入は、監理する企業から徴収する「監理費」に限られ、送り出し機関から別に紹介料などの報酬を得ることはできない。監理費とは企業への紹介料のことで、そこに法律で定められた監理にかかる経費も含まれている。

ジッコの調査によれば、実習生一名あたりの三年間の監理費は、「一〇〇万一円〜一五〇万円」が三六・二%と最も多く、次点に「五〇万一円〜一〇〇万円」が三三・二%と続く（二〇一七年度「技能実習生の労働条件等に係る自主点検実施結果の取りまとめ」より）。監理費は毎月一定額を企業に請求する形が多く、実習生一名あたり月額平均二万円から五万円程度だ。受け入れ人数や地域によって幅がある。

この、受け入れ企業が監理団体に払う監理費には、受け入れ企業が送り出し機関に支払う「送り出し監理費」もある。ベトナムの場合、月額五〇〇〇円程度だが、この送り出し監理費もキックバックに使われることもある。先に示した営業マンの書類にはないが、

「送り出し機関サイドで送り出し監理費をプールして、面接時などでベトナムに来たときに手渡すケースもある」（ある送り出し機関の営業マン）

また、送り出し監理費を原資に監理団体に駐在するスタッフを派遣するケースもある。ハノイの送り出し機関の社長がこう話す。

「四〇人の受け入れに対し、一人を監理団体専属の駐在員として日本に送るケースがある。送

り出し監理費五〇〇〇円の四〇人分は二〇万円。だいたい、一人分の賃金です」

この場合は金銭が監理団体に流れたという形にはならないが、監理団体はいかなる形でも、受け入れ企業から徴収する監理費以外の報酬を得ることはできない。技能実習法の第二八条には、こうある。

「監理団体は、監理事業に関し、団体監理型実習実施者等、団体監理型技能実習生等その他の関係者から、いかなる名義でも、手数料又は報酬を受けてはならない。
2 監理団体は、前項の規定にかかわらず、監理事業に通常必要となる経費等を勘案して主務省令で定める適正な種類及び額の監理費を団体監理型実習実施者等へあらかじめ用途及び金額を明示した上で徴収することができる」
送り出し機関から監理団体に流れるキックバックは、すべて裏金になる。帳簿は当然のこと、銀行口座に記録を残せるわけでもないお金を、どのような形で受け取っているのか。

ハノイの送り出し機関社長はこう話した。

「基本、手渡しです。日本の駐在員などの口座にお金を送り、駐在員や幹部が現金で運ぶケースが大半です。面接などでベトナムに来たときに渡すケースもあります」

こんな耳を疑うような話を聞いたこともある。

「日本に持ち込める上限五〇万円を複数の実習生に持たせて来日し、空港に待たせた日本駐在員が回収し、監理団体に運ぶというケースもありました」

ハノイの別の送り出し機関の幹部は、ある監理団体の理事長にキックバックを手渡した経験がある。こんな手口も口にした。

「監理団体の理事長の指示で、ベトナムにいる愛人の口座に振り込むように指示をされたこともあります」

先述の通り、キックバックは職種により異なるが、一人約一〇〇〇ドル（約一一万円）だ。年間に一〇〇人を採用すれば、単純計算で一一〇〇万円になる。大きな監理団体になれば、年間の採用数は一〇〇〇人を超える。

ただ、監理団体側の受け手は、理事長など一部の幹部に限られる。監理団体で受け取り、監理団体の職員全体が享受しているわけではない。あくまで、監理団体の権力者が、個人的な裏契約を送り出し機関と結んでいるに過ぎない。

キックバックに関しては、送り出し機関関係者の多くが口をふさぐ。それでも、幾人かが筆者に実態を話してくれた。ある送り出し機関の幹部は、元実習生。ハノイタワーにあるカフェで取材に応じた彼は、遠くを見ながらこう話していた。

「日本人は真面目で誠実な人が多いと思っていて、実際そうだった。だけど、送り出しに関わるようになって、こんなクソみたいな日本人がいるのかとびっくりしました」

†実習生の支払い平均額は八〇四〇ドル

接待費やキックバックなどの裏金は、最終的に誰が払うのか。回りまわって、実習生本人が「必要経費」として払うことになる。詳しくは後述するが、借金をし、一〇〇万円以上ものお金を払って日本に来る実習生は少なくはない。一〇〇万円は日本人にとっても大金だが、ベトナム人にとっては一般的なワーカーの年収の二倍近い額だ。

ベトナムの最低賃金は四つの地域別に定められている。ハノイ市など最も高いエリアでも月額の最低賃金は四四二万ドン（二万二一〇〇円）で、技能実習生の多くが生まれ育った農村部になると三〇七万ドン（一万五三五〇円）だ。ベトナム労働総同盟（VGCL）傘下の労働組合研究所のアンケート調査（二〇一八年）によれば、ベトナム人労働者の平均年収は六六三六万ドン（三三万一八〇〇円）。一〇〇万円は三年分の年収に相当する。

ただ、ベトナム政府も制限なしに費用を徴収していいと認めているわけではない。ベトナム労働・傷病兵・社会省（MOLISA）の通知（二〇一六年四月六日No.1123/LDTBXH-QLDNN）により、技能実習生に対する手数料は三年契約の場合には三六〇〇ドル（約四〇万円）以下、一年契約の場合には一二〇〇ドル（約一三万円）以下と、上限額が定められている。

第一章で実習生は入国前に日本語を中心とした教育を訓練センターで受けることを説明したが、

その教育費も「約五二〇時間の日本語教育に対し、事前教育費として五九〇万ドン（約三万円）以下」と定められている。過去には、失踪対策のために送り出し機関が多額の補償金を徴収していたが、日本の法令により今は禁止されている。

つまりは、手数料と事前教育費を合わせても、三年間の技能実習で実習生本人から徴収できる金額は手数料三六〇〇ドルに教育費五九〇万ドンを加えた約四三万円だ。ベトナムの法令通りのこの金額でさえ、ベトナム人にとっては高額だろう。

しかし、実際にはこれをさらに超える金額が徴収されている。実際の徴収額に関する公的な調査はないが、参考になる数字がある。

送り出し機関幹部のチャン・テ・アインさん（二八歳）は、二〇一四年から三年間、実習生として来日した。仕事の合間を見つけては、独自の日本語学習教材をユーチューブにアップした。音楽に合わせて日本語とベトナム語を交互に喋る独自の映像は、ファンページへの登録が一〇万人を超える反響があった。日本を目指すベトナム人の間で、アインさんはちょっとした有名人だ。

そんな彼が二〇一八年五月に、自身のフェイスブックで繋がる実習生を対象に手数料に関するアンケートをした。五一人から回答（未記入三名）があり、支払った手数料の平均額は八〇四〇ドル（約九〇万円）で、一万ドル（約一一〇万円）以上支払った人も一三人いた。

アインさんはこう話す。

「キックバックや接待にお金がかかるといっても取り過ぎです。最大で一万五〇〇〇ドル（約一六五万円）と回答した人もいましたが、それなら日本に行っても借金の返済だけで終わってしまいます。失踪者が生まれる背景には、こうした問題があるんです」

とび職の技能実習生として働いていた時代のアインさん

送り出し機関幹部や実習生に対する筆者の取材の感覚値でも、アインさんの調査同様、実習生が日本へ行くために支払った費用の総額は平均七〇〇〇ドルから八〇〇〇ドルといったところだろう。ベトナムの実習生が増えるにつれ、こうした情報もベトナム人の間に広く伝わったことで度を超えた一万ドル以上の法外な支払いを要求する送り出し機関は減ってきているとは聞くが、本稿執筆時の二〇二〇年三月でも状況は大きく変わらない。

†技能実習生は北部が中心

なぜ、ここまで費用が高騰するのか。

背景に、送り出し機関同士の激しい競争もある。ほかに客を奪われてはいけないという競争意識が働くからこそ、先述のような過剰接待が生まれるのだ。現在、日本への送り出し機関数は三五三社あり、その大半は首都ハノイ市、その周辺に集中する。

ベトナムは南北に長く、ハノイ市とホーチミン市は約一六〇〇キロも離れており、飛行機でも約二時間かかる。東京・大阪間が約四〇〇キロであることを考えると、どれほど遠いかわかるだろう。一日で車で移動できる距離ではない。

ハノイの冬は寒くジャンパーが必要だ（2019年12月）

北と南では気候も異なる。ハノイ市には四季があり、冬場は一〇度を下回るまで冷え込む。一方のホーチミン市は年間を通して気温差は小さく、温かい。気候の違いが気質にも現れ、北部の人は内向的で、家族や伝統を重んじる。生真面目で、お金にも厳しいイメージだ。一方の南部の人は外交的で、新しいものが大好きで、性格もオープン。明るく、接待好きのイメージだ。近頃では観光地として日本でも有名になりつつあるダナン市などの中部は、北部寄りだと見られている。

送り出し機関の大半がハノイ市にあることから、結果として、現在日本に来ている実習生の多くも、ベトナムの北部、中部出身の若者が多い。ただ、近頃は南部の出身者が増えつつある。ホーチミン市の送り出し機関幹部が話す。

「送り出し機関の大半は北部で、人材の募集も北部が中心ですが、ブローカー費用が高騰し、未開拓の南部に広がってきています」

ベトナム北部同様、南部でも実習生として日本を目指すのは、農村部の高卒の若者たちが中心だと言う。

†送り出し機関設立に巨額のわいろ

送り出し機関同士の競争が激化するなか、もぐりの業者も少なくない。ハノイ市の送り出し機関社長は話す。

「人材の送り出しには、ベトナム政府の推薦状が必要になります。ライセンスのない送り出し機関から日本に人は送れません。そのため、他社のライセンスを借りて営業するもぐり業者もあります。一人当たり一〇〇〇ドル程度の手数料を払ってライセンスを借り、営業をしています。こうした送り出し機関を使った場合、余計なお金を支払っている分、実習生が負担する金額も高くなります」

違法営業する送り出し機関は、実習生を騙すことすらある。

「訓練センターに入寮したはいいが、いつになっても面接がなければ、実習生候補者は不安になります。いかに人気職種の求人票をたくさん持っているかが、送り出し機関の力です。違法営業を行う送り出し機関の中には、実習生候補者をつなぎとめるために、ダミーの面接を組み込むケースもあります。ベトナム在住の日本人を探し、お金を払って、その日本人に面接官をお願いするのです」

余計な負担をせずに、正式にライセンスを取得して営業すればいいとも思えるが、そう簡単な話ではない。ホーチミン市の日本語学校幹部はこう話す。

「何をするにもわいろが横行する世界。許認可となれば、なおさらのことです。公開された申請書類のひな形もないため、これまでに別の送り出し機関が申請した書類を、わいろを払って手に入れ、それを見よう見まねで作るしかありません」

送り出し機関として認められるには、いくつかの条件もある。ハノイの送り出し機関の社長によれば、日本への送り出し機関として認められるための条件は五つある。
一、代表者が大卒であること。
二、代表者に送り出し機関で働いた経験が三年以上あること。
三、訓練センターを持っていること。

四、預かり金五〇〇万円をおさめること。
五、日本語堪能な人材（N2以上）を一〇人以上、採用していること。
この五つの条件をクリアし、必要書類を提出し、認可がおりるまでに約一年。

「書類申請のスピードを速め、早く認可を得るためにはロビー費用（わいろ）も必要。送り出し機関一つを作るのに、六〇〇万円から八〇〇万円はかかるのでないか」

ハノイの送り出し機関の社長はそう話した。

†「弊社は」と説明を繰り返す

筆者が初めてベトナムに降り立ったのは、二〇一八年一〇月だった。当時、国会では外国人の受け入れ拡大を目指す改正出入国管理法が議論され、野党は実習生が働く劣悪な職場環境をやり玉にあげていた。

しかし、納得がいかなかった。本当に実習生が働く現場のすべてが劣悪な職場環境なら、誰も日本を目指さないだろう。先進国だからと言って、首根っこ捕まえて外国から人を連れてこられる時代でもない。しかも、日本を目指す実習生は増え続けている。そんな疑問に答えるためにベトナムを目指したのだが、そこから約一年半の間に五回もベトナムに足を運ぶとは思いもしなかった。

営業部に所属するミンさん

羽田空港を午後四時三五分に発つベトナム航空三八五便に乗り、ハノイのノイバイ国際空港に到着したのは午後九時だった。空港で筆者を出迎えてくれたのが、グエン・ヴアン・ミンさん（二八歳）だった。

ミンさんは、筆者の取材先である職業紹介会社に電話営業をしてきた送り出し機関の営業マン。その職業紹介会社から「どんな会社か見てきて欲しい」という依頼を受けており、筆者には「企業からの視察者」という立場もあった。そのため、ミンさんは筆者がジャーナリストとは理解しているものの、「お客様」として対応していた。

ノイバイ国際空港到着直後から、ミンさんから筆者の携帯にショートメッセージが入る。出口で待っているから、安心してくださいという内容だ。

税関を抜け、出口を抜けると、スーツ姿のミンさんが待っていた。ハノイは夜でも二五度近くあり、蒸し暑い。しかし、ミンさんは黒のスーツ姿で、ジャケットをはおり、赤いネクタイを締めていた。

「お疲れ様です。ホテルに参りましょう」

ミンさんが運転手に電話をすると、フォード社のトランジットがやってきた。

日本への留学経験があるミンさん。日本語は流暢《りゅうちょう》だ。小腹がすいたと伝えると、ホテル近くのレストランに立ち寄ってくれた。外国人の口から何度と出る「弊社は」という言葉に笑いそうになりながらも、ミンさんの熱心なアピールに耳を傾けた。食事を終えると、ミンさんが筆者を制して支払った。「こちらが払う」と言って聞かない。

ミンさんは、送り出し機関の営業部に所属している。

†送り出し機関の花形部署は営業部

送り出し機関とはいったいどんな組織なのか。

筆者はこれまでに年間一〇〇〇人以上の労働者を海外に派遣する大手送り出し機関三社と、中規模の送り出し機関三社に足を運んだ経験がある。中規模の送り出し機関では複数の職務を兼務する形になるが、組織構成としてはどこも似たり寄ったりだ。ここでは、大手送り出し機関A社のケースで説明したい（一一八頁の図参照）。

組織は大きく三つに分かれる。総務部は事業全体にかかわる部署で、イメージはつきやすいだろう。書類部は、実習生に関する申請書を担当する。基本的に大卒で、日本への渡航経験は

送り出し機関A社の組織図

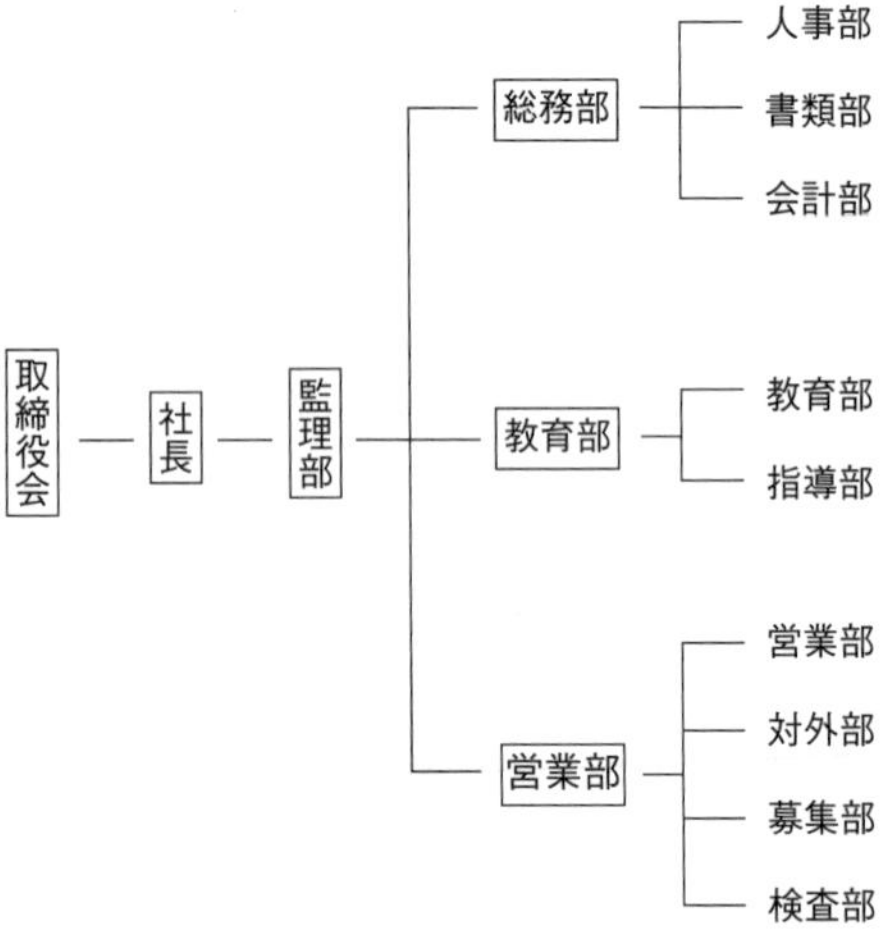

なくても、学生時代に日本語を学んだなどの経験のある人が多いという。

教育部は、実習生が出国までの期間日本語などを勉強する訓練センターで働く社員だ。教育部は教員などのスタッフで、元実習生が多い。基本給は四〇〇ドル（約四万四〇〇〇円）からだという。指導部は日本の駐在員で、日本に滞在する技能実習生の生活のサポートをする。監理団体などに籍を置くケースが多い。

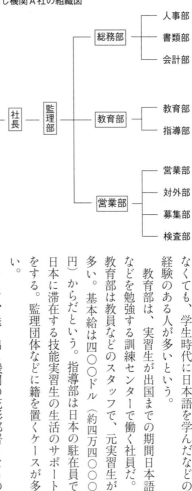

そして、送り出し機関の花形部署となるのが営業部だ。日本の監理団体や企業への営業や、ベトナム現地での面接などに対応する。日本語力はN2以上が求められ、N1相当の日本語力を持った社員も複数いるという。A社社長はこう話す。

「元実習生が営業部に入ることは稀です。日本語力がそこまで高くない上、日本を経験しているとは言え、経験の幅が狭く、人間関係のネットワークも狭い範囲に限られています。営業部の人間は元留学生が多いです」

営業部の基本給は他部署に比べ高く、八〇〇ドル（約九万円）以上。日本駐在の場合は、二五万円以上になるという。

ただ、基本給に加わるインセンティブが大きい。A社社長は「他社の例」としてこう話した。

日本語の授業をする元実習生

「求人一人あたり五〇〇ドルを支払うというインセンティブを設定する会社があったり、五〇〇〇円相当の送り出し監理費を担当営業マンの報酬にする会社があったりします。年収三〇〇万円以上稼ぐ営業マンはざらにいます。なかには、年収一〇〇〇万円を超える者もいます。幹部になるのも営業出身者が大半です」
A社の場合、営業マンをベトナムには置かず、全員が日本に駐在しているという。
「これまではベトナムから電話で営業し、アポイントがたまったら日本に行って営業するというスタイルでしたが、それでは効率が悪い。送り出し機関同士の競争も激しく、アポイントがとれればすぐに行かないと、他の送り出し機

ある送り出し機関のオフィス内

関の営業マンにとられてしまいます。日本の監理団体に籍を置きながら、監理団体の営業に同行したり、空いた時間で自ら新規顧客を見つけたりします」（A社社長）

ただ、送り出し機関の営業マンが自ら新規開拓に出向く場面は減っているという。

「企業とつながっている人材紹介会社などに営業を外部委託するケースも増えました。また、現在の流行りは、海外派遣を扱うベトナム政府の海外労働管理局（DOLAB）にわいろを渡して、実習生を受け入れている日本企業のリストをもらう方法です。そのリストにある企業に「今より監理費を安くします」と営業をかけるのです」（同前）

営業部は花形部署だけに一年経っても求人がとれない場合には、他部署への降格人事になるという。

†対外部が接待を担当

日本の企業組織からすればイメージがわきづらいのが、対外部だ。仕事内容は多岐にわたる。

訓練センターでの試験の準備や、日本側との書類のやり取り、ベトナム現地での接待も対外部の重要な役割だ。送り出し機関によっては、「接待部」と名乗るところもある。

給料は営業部よりは安いが、A社の場合は組織内で二番目に給料が高い七〇〇ドル（約八万円）以上に設定されている。営業部のような大きなインセンティブはないが、担当する実習生が出国すると実習生一人あたり三〇〜五〇ドルのボーナスがある。基本給と合わせ、年収一五〇万円以上にはなるという。

送り出し機関が元実習生の大きな就職先になっていることは前章で触れたが、その所属は日本語能力で大きく左右される。

「N3レベルなら教育部で日本語教師というパターンが多い。N2、N1レベルなら営業部。対外部はその間の中途半端なレベルです。営業できるほど日本語は上手くないが、それなりに日本人対応ができるレベルです。中規模以下の送り出し機関だと、対外部と営業部が同じになっている場合が多いです」

そして、日本語力の低い元実習生が活躍する場が、募集部だ。文字通り、技能実習の候補者を集める部署である。

「日本では最低賃金とは言え、実習生はベトナムに比べれば大きなお金を稼ぎます。帰国して月収二、三万円のベトナムの会社の仕事にはなかなか戻れない。力仕事ではなく、事務仕事に

面接の練習をする実習生候補者

憧れます」（A社社長）

フェイスブックなどのSNSツールを用いて直接リクルート活動を行ったり、地方のブローカーと連絡を取り合ったりして、実習生を募集する。テレビや新聞広告などで募集すれば集まるのではないかと思うかもしれないが、そうした情報はベトナム人を動かさない。モノを言うのは圧倒的な口コミだ。両親や親せき、友人などの近い人の情報が絶対なのだ。募集部の仕事はそのネットワークに入ることから始まる。

ただ、この募集部が実習生の負担する費用を釣り上げている可能性がある。募集部の給与は完全出来高制をとっている会社が多い。机を置き、在籍させている会社もあるが、A社の場合は固定給が月に一万円程度だ。職種により異なるが、候補者が面接に合格すれば、一人当たり約一〇〇〇ドル（約一一万円）の報酬が入る。成功報酬は大きいが、その分、出費も大きい。

「ツテがなければ、地方の学校の先生などのブローカーにお金を渡して人を紹介してもらいます。保護者を食事に招くなどして信頼関係を築き、日本で働くことを説得していきます。実習生候補者が面接を受ける際は、田舎からハノイまでの交通費を負担します。すぐに面接に合格すればいいですが、合格するまでは自宅に泊めるなどし、衣食住も補償します」（A社社長）

こうした負担も大きいため、リクルーターからすれば、少しでも高い紹介料を払う送り出し機関を探す。募集部に加え「検査部」があるのは、そのためだ。リクルーターが連れてきた候補者が他社の面接を受けていないか、また、リクルーターが嘘の情報（相場より相当高い金額を稼げると言うなど）を伝えていないかをチェックする。こうして募集費用が膨らみ、結果として実習生が負担する費用が高くなるのだ。

†営業利益は一人一五〇〇ドル

大手送り出し機関A社の場合、従業員は一〇〇名を超えるという。年間の送り出しは約一五〇〇人で、一人当たりの徴収額は七〇〇〇ドル（約八〇万円）から八〇〇〇ドル（約九〇万円）。単純計算しても、売り上げは一〇億円を超える。最大手になれば、送り出しの規模は年間三〇〇〇人以上になり、事業規模はさらに大きくなるという。

A社社長は、「営業利益は一人一五〇〇ドル（約一七万円）」と話す。内訳はこうだ。

まずは、原価として挙げたのが、リクルーター費用、教育費、食費、雑費の四つだ。合わせて二七〇〇ドル（約三〇万円）になる。リクルーター費用は先述の募集部のコストで、一〇〇

○ドル（約一一万円）。候補者がすぐにでも必要な場合は、プラス三〇〇ドル（約三万円）程度まで出すことがあるという。教育費は出国前六か月相当の教育費で八〇〇ドル（約九万円）。これには寮費も含まれている。全寮制のため食費の負担もあり、これが同じく六か月相当分で七〇〇ドルだ。

雑費は、前職要件のための偽造書類作成費（一〇〇ドル）と、健康診断（二回分で一〇〇ドル）だ。第一章で述べた通り、技能実習制度は日本で就く作業と同種の作業を母国で経験していた職歴を実習生に求める。しかし、実態は実習生の大半にそうした経験はなく、職歴を偽造する。偽造の在籍証明書を発行する費用として、一〇〇ドルがかかるのだ。

この原価の二七〇〇ドルに紹介手数料が乗っかる。これまで述べてきた通り、職種により手数料は異なる。最も人気のない縫製の場合は四〇〇〇ドル（約四五万円）。同じく人気のない農業、建設の場合は四五〇〇ドル。人気の高い食品加工などの製造業は五〇〇〇ドル（約五五万円）から六〇〇〇ドル（約六五万円）だという。

この紹介手数料から、一人当たり一五〇〇ドルの利益を出すように営業努力をしているという。A社社長は紹介手数料を五〇〇〇ドルと仮定し、こう説明する。

「最も大きな負担が、監理団体へのキックバックです。日本の監理団体が一〇社あれば、そのうち八社は現在も送り出し機関に要求しているでしょう。このキックバックが一五〇〇ドルです。さらには、現地での接待費が五〇〇ドル。合計二〇〇〇ドル相当（約二二万円）は日本の監理団体への裏金で消えていきます」

残るは三〇〇〇ドル。ここから社員の給料や事務所、車両代などの販管費が一〇〇〇ドル、営業経費が三〇〇ドル、そして、ロビー活動やマスコミ対策に二〇〇ドル。こうして何とか一五〇〇ドルを利益として確定させるという。

見慣れないマスコミ対策とは何なのか。

「暴れたり、万引きをしたり、自分の過失がキッカケで帰国しているにもかかわらず、返金を求めてくるような人もいる。応じないと今度は記者を連れてきて、記事を出すと脅してくる。送り出しビジネスが儲かっているからと、こうした言いがかりに便乗するマスコミも多く、お金を要求されます」

こうして見ると、日本の監理団体への裏金二〇〇〇ドル（約二二万円）が大部分を占めていることがわかる。先に述べた通り、ベトナム政府は実習生から手数料として三六〇〇ドル（三年の場合）、教育費として五九〇万ドンの合計約四三万円の徴収を認めている。A社の場合、徴収額の合計は七〇〇〇～八〇〇〇ドル（約八〇～九〇万円）だが、日本への裏金を引けば、法定金額に近くなる。いかに日本への裏金が実習生の大きな負担になっているかがわかるだろう。

†中国から持ち込まれた接待営業

この裏金の存在を最初は信じられなかった。現金手渡しなんて、そんな昭和の任侠映画のようなことがあるものなのかと。多額のキックバックを要求しても、紹介するのは日本人では最低賃金の仕事だ。ナイトクラブで女性をはびこらせ飲んでいる様は、同じ日本人として恥ずかしい思いがした。

キックバックに関する取材をしているときに、ある送り出し機関の社長は言った。

「私はいろんな日本人を知っています。技能実習生に関わる日本人は〝程度が低い〟んですよ。日本人みんながこうではないですが、日本人が嫌いになりましたね」

ペンの力で問題提起したい――。この社長だけではなく、複数の送り出し機関幹部に、キックバックを受け取っている監理団体の名前を聞いた。取材を申し込み、事実関係を確認するためだ。しかし、送り出し機関幹部の誰もが首を縦に振らなかった。告発することで、監理団体との関係が悪化し、求人を失うことを恐れていた。筆者としては、この業界の病状の深さを痛感するばかりだった。

しかし、業界を是正しようと戦う人たちもいる。ハノイ市の送り出し機関Ｌａｃｏｌｉ（ラコリ）は、法令で定められた手数料の上限三六〇〇ドルを厳守し、キックバックを求める監理団体とは一切つき合わない。

ラコリを率いるのは、別々の送り出し機関で働いていた二人だ。社長のグエン・ソワン・フンさん（三五歳）。そして、副社長の渡邊一也さん（四六歳）だ。裏金が飛び交い、接待が横行する業界を見てきた二人の結論は同じだった。

「正しいことをするには、自分たちがやるしかない」

社長のフンさん（左）と副社長の渡邊さん（右）

渡邊さんは以前、日本の監理団体の職員として働いていた。

二〇一二年から二年ほど、技能実習生の受け入れを担当した。当時は、送り出し国の中心が中国からベトナムに移る端境期だ。監理団体の職員として、渡邊さんは中国の送り出し機関の過剰な接待営業を見てきた。実習生の面接はそこそこに、夜は飲めや歌えの大騒ぎ。中国の送り出し機関が指定する〝お決まりのホテル〟では、客室のエレベーター前に複数のコールガールが待っていた。彼女たちを振り切ると、

「なぜ、男らしくするんだ。なぜ、持って帰らない？」

中国の送り出し機関スタッフに、そう不思議がられたと渡邊さんは振り返る。

「なるほど。こうして接待漬けにして関係を築いているんだとわかりました。そのスタイルが、そのままベトナムに持ち込まれています。中国国内の反日運動などで中国人技能実習生の依頼が減るに連れ、代わりに増えたのがベトナム。中国の送り出し機関の関係者が、客とノウハウをそのままベトナムに持ち込んだのです」

多くの国でそうであるように、ベトナムでも外国人が人材派遣業を営むことはできない。そのため、中国人が裏からベトナム人を操る形で、彼らが中国で築いた「日本人向けの営業方法」がベトナムに刷り込まれていった。それは日本国内でも同様である。渡邊さんは話す。

「中国人技能実習生が中心だった時代から実習生との関わりが長い建設業界などは「ベトナムも夜は遊べるんですよね」などと、企業側の意識は変わりませんでした」

ハノイ市にあるラコリの訓練センター

そんな業界に違和感を持つなか、渡邊さんが出会ったのがフン社長だった。二〇一七年に二人でラコリを立ち上げた。理想だけで食べて行けるほど、甘い世界ではない。一年目は無給だ

った。ベトナム人の奥さんに、

「何であなたは日本人なのにお金がないの？」

そう、皮肉を言われたこともあった。それでも、二〇一八年は送り出しが二〇〇名近くになり、だんだん増えてきた。渡邊さんはこう話す。

「送り出し機関の大きな負担の一つが、募集にかかる費用です。これも、いい求人を集め、実習生にいい環境を提供していけば、コストをかけなくても口コミで人が集まるようになります。そうなれば、実習生の負担もさらに少なく済むでしょう」

†手数料が安いと信用されない

フン社長はベトナム北部のハイズン省の出身。四人きょうだいで、全員が海外で働く。長女は台湾、次女は日本、兄は韓国。そして、フンさんは日本の留学生という道を選んだ。

「ハノイの短期大学卒業後に就職を考えたんですが、当時は月給で七〇〇〇円くらい。これはまずいなと。きょうだいも海外に出ていたし、自分も行こうと考えました。村のブローカーから「君は短大を卒業したから」と、日本への留学を勧められました」

フン社長は二〇〇五年四月に留学生として来日。日本語学校で二年間、専門学校で二年間学び、二〇〇九年に帰国した。

ラコリで学ぶ実習生。朝はラジオ体操から始まる

「日本では飲食店のアルバイトをしており、ハノイに戻って日本食レストランをしようと思いました。韓国で働く兄に出資してもらいました」

しかし、レストランはオープンにこぎつけたが、一年半で閉店。流行らなかったのだ。

それでも、日本に関わる仕事がしたい――。そうしてフンさんは二〇一〇年から日本への送り出し機関で働き始めた。フンさんも実習生の中心が中国からベトナムに来る時代を現場で経験している。

「中国の送り出し機関がお客さんごと連れてベトナムにやってきました。日本の監理団体への営業も、当時は電話をするだけ契約がとれた状況です。どの監理団体も、中国の次の送り出し拠点となるベトナムのパートナーを探していました」

フンさんはそう振り返る。

「中国の場合はこうだったけど、ベトナムもやってくれるよね」

接待やキックバックなどの悪習は、日本側の監理団体からも引き継がれた。

送り出し機関の職員としてベトナムの技能実習生が急増する時代を駆け抜けてきたフン社長。監理団体職員にキックバックの現金を運んだ経験もある。

「日本の会社はなぜルールを守らないのか」

日本語の授業を受けるラコリの学生

フン社長は単純な結論にたどり着く。

まずは、ベトナム側が守ればいい。そんなとき、同じく業界に違和感を覚えていた渡邉さんとの出会いもあった。

現在のフン社長率いるラコリは、二〇一七年三月に他社を買収する形で始まった。法定の三六〇〇ドル以上は徴収しない。ただ、皮肉にも壁になったのはその安い手数料だった。

「他社と比べれば半額以下になることも多い。実習生募集の説明会を開いても、『こんなに安いお金で日本に行けるはずがない』と疑われ、信用してもらえなかった」

それでも、信じて付いて来た実習生の口コミから、少しずつ人が集まるようになってきている。

「三〇〇以上の送り出し機関のなかで弊社は小さいですけど、

胸を張って言えるのは、弊社は法律を守っていますよということです。小さい会社ですが、お客さんにはっきりと言えます。自分たちは真面目にやっているから、日本側のお客さんにも真面目にやってくださいと」

フン社長はそう胸をはった。

†監理団体は守ってくれない

業界を是正するため、日本から単身、ベトナムに乗り込んだ日本人もいる。ハノイ市のAGA SUPPORT（エー・ジー・エー・サポート）代表の元尾将之さん（三七歳）だ。二〇一八年秋にテレビなどの特集で劣悪な環境で働く実習生がいることを知り、元尾さんは何とかしたいと考えたという。

「日本では人事労務関係の仕事を続けてきました。中小企業では日本人同士でも労務トラブルが避けられないのに、外国人なら起きて当然と思いました」

元尾さんが考えたサービスが、実習生から母国語で仕事に関する相談を受け、弁護士などの専門家が母国語で対応するサービス「ＫＡＫＥＫＯＭＩＤＥＲＡ」だ。そもそも実習生の相談に乗るのは監理団体の仕事だが、

「監理団体にとって実習実施企業はお客様です。監理団体は非営利団体で、収入は基本、企業

からもらう実習生一人当たり月額三万〜五万円の監理費だけです。すべての監理団体に当てはまる訳ではありませんが、仮に実習生が働く劣悪な環境に気づいても、お客を失う怖さから企業の側に立つケースが往々にあります。そもそも監理団体の職員が一人で数百人の実習生を監理するケースもあり、十分な対応をする余裕はありません」(元尾さん)

サービスの費用は、一人月額九ドル。二〇一九年五月に販売したばかりだが、半年で約七〇〇人が登録した。その大半が、実習生を募集、渡航前の日本語教育を実施する送り出し機関を通じた登録だ。元尾さんは送り出し機関内でセミナーを開くなどし、直接入国前の実習生に呼び掛けている。

ただ、「サービスを積極的に受け入れる送り出し機関はまだまだ少数だ」と、元尾さんは言う。

元尾将之さん

「大半の送り出し機関は関心を持ちますが、サービスを受け入れることで監理団体から排除されることを恐れ、セミナーなどの実施もできません。まだまだ「送り出し機関は一つじゃない」と採用を見返りとしたキックバックを求める監理団体は多く、送り出し機関と監理団体には歴然とした力の差があるんです」

送り出し機関でセミナーを行う元尾さん

元尾さんが送り出し機関に売り込むのは、人事労務サービス「KAKEKOMIDERA」だけではない。同時に、日本の優良な監理団体を紹介している。

「特に新しい技能実習制度以降にできた監理団体は、キックバックなどを求めないところが大半です。そんなお金はいらないから、実習生の負担を軽くして欲しいと言う立場です。ベトナムの送り出し機関は「そんな監理団体があるはずはない」と信じない人が多いですが、少しずつ理解が広がっています」

優良な監理団体を紹介することでベトナムの送り出し機関の営業部分を代行し、送り出し機関が実習生の育成、教育に集中できる環境をつくっていく。それが、元尾さんの願いである。

†在ベトナム日本国大使館の挑戦

南部アジア部長、国際協力局長、ブラジル大使などを歴任した梅田邦夫氏がベトナム大使に着任したのは、二〇一六年一〇月だった。技能実習生や留学生として日本を目指すベトナム人が急増していた時期である。筆者は週刊誌「AERA」(朝日新聞出版)の取材で、二〇一九年五月三一日に梅田大使を取材する機会を得た。

梅田大使は、着任当時をこう振り返った。

「ここに来て驚いたのは、ひっきりなしに訪問団がくることです。日本は少子高齢化で労働力不足が先鋭化し、あらゆる職種の方がベトナムの人材を求めてやってきます。日本の人手不足はここまで深刻になっているのかと、改めて驚きました」

一方では、日本に滞在するベトナム人の犯罪、失踪も増えていた。何が起こっているのか。大使館として何ができるかを考えた。

「ベトナム人は日本に対する強い憧れを持っていて、初めから犯罪をしようと日本を目指すわけではありません。しかし、送り出し機関やブローカーが若者に多額の借金を追わせて日本に送りこんでいる現実もあります。こうしたことが続くと、若者の人生をめちゃくちゃにするだけではなく、日本とベトナムの関係にも悪い影響を及ぼします」

梅田大使は悪質な送り出し機関や留学エージェントの排除に乗り出した。

この間に増えた日本を目指すベトナム人は、実習生だけではない。ベトナム人留学生の数も二〇一二年の八八一一人から、二〇一九年末には七万九二九二人にまで急増している。留学生には「資格外活動」として週二八時間のアルバイトが認められており、アルバイト目的の「偽装留学」は社会問題化した。偽装留学の実態に関しては、ジャーナリストの出井康博氏の著作『移民クライシス』(角川新書)に詳しいが、実習生同様、多額の借金を背負って日本を目指す構図は似ている。

留学生はビザ申請時に、日本語能力試験N5相当以上の能力を証明する必要がある。その偽造書類が出回っている状況を問題視し、大使館では二〇一七年の三月からビザ申請者に対する面接を実施し、直接彼らの日本語力を確認した。結果、申請者の約二割が偽造書類を提出していたという。

「悪質な送り出し機関からの受け入れを停止するなどの措置を取り、二〇一九年には偽造書類の割合が六%まで減りました。悪質な送り出し機関や日本語学校の情報を両国の関係当局に伝え、悪質業者を排除していきました」(梅田大使)

†人材争奪戦の相手はベトナム

大使館では、水際での不正防止に加え、正しい情報発信にも力を入れている。二〇一七年からは技能実習や留学の正しい情報を伝えるセミナーを開催。二〇一八年はベトナム全土一七か所で実施した。HPなどを使った情報発信にも取り組む。実際には稼げない額を稼げるという話や、法外な手数料を請求する送り出し機関が後を絶たないからだ。

積極的な情報発信に取り組むのは、危機感もあるからだ。韓国や台湾などの同じアジア諸国だけではなく、ドイツやルーマニアなどのヨーロッパ諸国もベトナム人材の獲得に乗り出している。梅田大使はこう話す。

ハノイ市内。国民の平均年齢は31歳と若い

「日本人は誠実で、人を騙したりはしないという印象をベトナムの人は持っています。ベトナムは世界一、二を争う、親日国であることは間違いありません。やっぱり日本は良かったと思われるように努力しなければならない。ベトナム人の大半が仏教徒で、味付けは違うが、米食で、箸を使う。文化的な親近性もあり、勤勉で、従順なところもあります。日本人は一緒に働きやすいでしょう」

ただ、梅田大使は本当のライバルはベトナム自身と見ている。

「GDP成長率六%以上を続け、ベトナム経済自体が発展しています。港湾都市ハイフォンなどでは、人手不足の兆しが出始めています。ベトナム自身が成長し、国内に雇用が広がっている現実がある。さらに今後は高齢化も進むため、家族愛が強いベトナム人が海外に出ていくかは疑問です」

ライバルはベトナム自身という思いは、ベトナムの送り出し関係者も持っている。前出の送り出し機関ラコリのフン社長は、こう話していた。

「ベトナム人の平均月収は現時点では三万円はいかないでしょう。ハノイは三万から四万円でしょうが、田舎は農家なら二万円、ワーカーなら二万五〇〇〇円。ベトナム人の平均所得が五、六万円になると、実習生は減るでしょう。ベトナムより三倍稼げるなら行ってもいいでしょうが、二倍程度では行かないでしょう」

日本は選ばれる国であり続けられるのか。そのためには、日本を目指す若者たちを何よりしっかりと受け入れることだろう。ましてや、実習生が逃げ出すような環境を放置していてはならない。

第三章
なぜ、失踪せざるを得ない状況が生まれるのか

†失踪技能実習生は年間一万二四二七人

二〇一八年の臨時国会で議論された最重要法案が、単純労働分野で働く外国人の在留を認める「特定技能」を新設するための、出入国管理及び難民認定法（入管法）の改正案だった。国の将来を左右する重要法案でありながら、衆院では一七時間一五分、参院では二〇時間四五分の拙速議論で幕引きをし、詳細は省令に委ねるという形だけの議論で強行採決した。結果、現場は大混乱に陥るのだが、それは第四章に譲る。

改正入管法の議論で耳目を集めたのが、失踪する技能実習生の存在だった。二〇一八年一一月一日の衆院予算委員会で、立憲民主党の長妻昭衆院議員が声を荒げた。

不法残留者数の上位5か国と総数（2020年1月1日時点）

	総数	短期滞在	技能実習	留学	特定活動	日本人の配偶者等	その他
ベトナム	15,561	841 5.4%	8,632 55.5%	3,811 24.5%	1,815 11.7%	13 0.1%	449 2.9%
韓国	12,563	11,921 94.9%	−	143 1.1%	32 0.3%	224 1.8%	243 1.9%
中国	10,902	5,494 50.4%	2,663 24.4%	1,018 9.3%	376 3.4%	417 3.8%	934 8.6%
タイ	8,872	8,394 94.6%	137 1.5%	10 0.1%	33 0.4%	210 2.4%	88 1.0%
フィリピン	6,061	2,677 44.2%	143 2.4%	17 0.3%	715 11.8%	903 14.9%	1,606 26.5%
総数	82,892	51,239 61.8%	12,427 15.0%	5,543 6.7%	5,688 6.9%	2,687 3.2%	5,308 6.4%

（出典）法務省「本邦における不法残留者数について」

「これは異常ですよ、はっきり言って。異常ですよ。技能実習生が、去年は最高の七〇八九人失踪した、いなくなっちゃった。そして、去年は一月から一二月までですが、今年は六か月だけで四二七九人。これは今初めて発表された数字だと思いますが、そうすると、六か月ですから、倍にしたら、また史上最高になる」

法務省によれば、不法残留者数は八万二八九二人（上図参照）。そのうち、失踪技能実習生の数は、統計を取り始めた二〇一一年の一五三四人から、二〇二〇年一月一日時点では一万二四二七人になっている。その約七割はベトナム人が占める。

ただ、冷静に見なければならないのは、技能実習生全体の数が増加しており、同期間で一四万一九九四人（二〇一一年末時点）から、三六万七七〇九人（二〇一九年六月末時点）にまで増えている。失踪率（失踪者／前年末の在留技能実習生数）で見れば、ここ五年（平成二六年から三〇年）は約三％と横這いだ。

もっとも、技能実習生の保護を強めた技能実習法が二〇一七年に施行されたばかり。政府の肩を持つわけではないが、技能実習法施行後の新たな運用状況を問いただすわけでもなく、ただヒステリックに数字を取り上げるのは建設的な議論とは言えない。ただ、長妻氏の質疑は的外れなミスリードであるとも言えるが、失踪する技能実習生の問題を明らかにすることには成功した。

当時、週刊誌「AERA」の記者だった筆者も、この問題を追った。とにかく、失踪した実習生本人に話を聞いてみたい――。それも、失踪技能実習生の約七割を占めるベトナム人の話を聞きたい。ただ、相手もそれ相応のリスクを抱え、逃げているはずだ。そう簡単に取材対象者は見つからないと思った。

しかし、懇意にしていたベトナム人通訳女性に相談すると、筆者のオーダーとは多少異なるものの、その日のうちに「これから失踪予定の人」を紹介できると連絡が入った。フェイスブック上のベトナム人コミュニティで見つけたという。筆者がその失踪予定者と都内のベトナム料理店で出会ったのは、ベトナム人通訳女性に相談した二日後だった。

†東京は稼げるから手数料が高い

二〇一八年一一月一三日、週半ばの水曜日の午後七時だった。失踪予定のベトナム人男性は、指定した東京都内のベトナム料理店に筆者と通訳者より先に到着していた。男性が住む町から電車で二〇分程度の場所で、これまでに来店したことがあったという。

取材は、名前や年齢、勤務先など、個人を特定できる名称を伏せることが条件だった。ここでは、失踪予定者のAさん（二〇代）とする。ベトナム人は平均身長が男性で一六二・一センチ、女性で一五二・二センチ（二〇一六年）と小さいが、Aさんは身長も高く、がっしりとしていた。食事をしながら話をしようと勧めると、Aさんはベトナム式のつけ麺ブンチャとハイネケンを注文した。

匿名を条件に取材に応じたAさん

Aさんは型枠工事作業の実習生として、二〇一六年に来日。三年間の技能実習の期限が、四か月後に迫っていた。Aさんは言った。

「技能実習が終わる少し前に失踪しようと思っています」

Aさんはベトナム東北部の農村部出身。地元の高校を卒業後、ハノイ市内の短期大学に進学。短大時代にホテルのフロント業務でアルバイトをし、様々な外国人と接するなかで、礼儀正しい日本人が好きになったという。そのため、故郷の村からは台湾や韓国に出稼ぎに行く人が多かったが、自身は日本で働きたいと思うようになったそうだ。

Aさんは短大卒業後、ベトナムで就職してもお金を稼げないと判断。友人に紹介された送り出し機関に約一〇〇万円を払って、日本にやってきた。

「お金は、二割は家族と親族から借り、残りは銀行から借りました。一〇〇万円は高いとは思いましたが、送り出し機関のスタッフからは「東京は稼げる分、手数料が高い」と言われ、納得しました。だけど、雇用契約書を見ると、手取りは九万円（二万円の住居費が引かれた手取り）。それでも「契約書には九万円と書いているが、実際は残業もあって、一五万円以上になる」と説明を受け、納得していました」

†日本人は全員六五歳以上

現実は違った。

毎日五時半に起き、六時半には会社へ。車で現場に移動し、八時から午後五時まで働く。後片付けをし、事務所経由で自宅に着くのは午後七時を過ぎることがザラだった。拘束時間は長

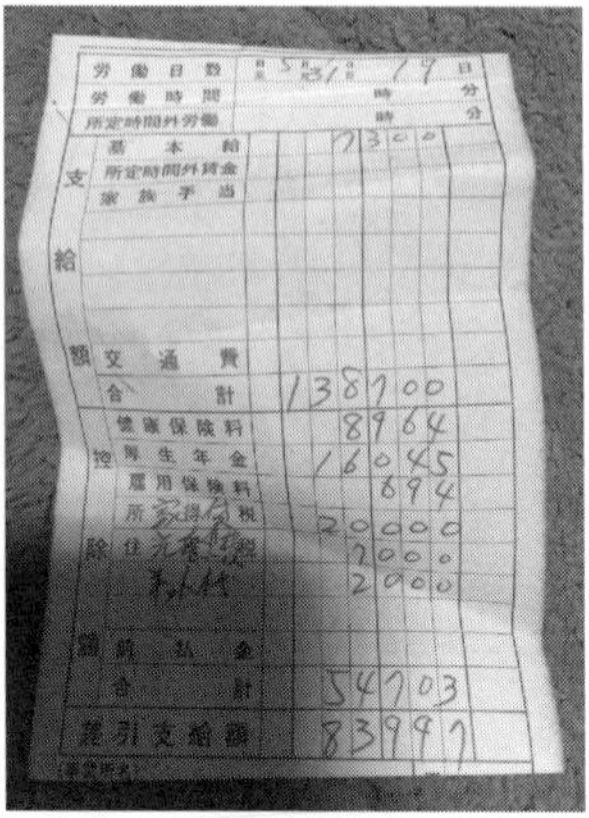

Aさんのある月の給与明細

いが、給与は実際に働いた八時間分しかもらえない。さらには、Aさんの日給は七〇〇〇円で、働いた日数分しか給料が支払われない日給制だった。梅雨のシーズンなどは休みの日も多く、手取りが九万円を下回り、最低七万円台になったこともあった。

住まいは、会社が準備した1K・二五平米の古いアパート。そこに、同じベトナム人実習生三人と住んだ。その家賃として、毎月二万円をひかれた。会社は家賃として三人分で六万円を徴収していることになる。聞けばとても古いアパート。東京都内とは言え、Aさんの住むエリアならば、それよりも安く借りられるのではないかと疑いたくなる。

先述の通り、実習生の住居は「床の間・押入を除き、一人当たり四・五平米（約三畳）以上を確保すること」が求められている。その条件はクリアしているかもしれないが、一部屋に三人ではプライベートな時間はないだろう。

勤務先はAさんを含めたベトナム人技能実習生が三人と、日本人が三人の小さな会社だった。日本人は皆、六五歳以上だという。まだまだ若く、体力のある自分たちが現場に貢献している自負はあった。一年目が終わった時に、勤務先の社長に「給与を上げて欲しい」とお願いした。

「給料を上げてやりたいと思っても、監理団体に支払う監理費が高く、これ以上は給料を払えない」

社長はいつもそう言って、賃上げには応じなかった。

ただ、たまに若い日本人が入社してくるが、彼らの日給が、たとえ未経験者でも一万円であることを知っていた。それでも、誰も一か月と続かない。数日働いては、辞めていく。日本人には人気のない仕事なんだと思った。一方、自分たちはそんな人気のない仕事でも、毎日働いているのに、給料が安く抑えられている。納得がいかない。

そもそも、給与を上げられない理由に監理団体への監理費を挙げるが、その監理団体が現場に来たことはなかった。監理団体には、三か月に一度（1号期間中は毎月）は実習先の定期監査を行い、実習計画が適正に遂行されているかどうか、外国人技能実習機構に報告する義務があるにも関わらずだ。

早く借金を返済して、貯金をしたい――。

食費はできる限りおさえた。業務用スーパーで鶏肉をキロ単位で買い、少しずつ食べる。外食は三か月に一回というルールを設け、毎月の出費を二万円以内に抑えた。手取りが一〇万円に満たなくても、最低七万円は貯金した。

Aさんは日本に来て一年半で、借金を全額返済した。帰国から四か月前に迫った取材時には一二〇万円の貯金があった。しかし、それはAさんにとって十分な額ではない。

「日本に来るまでは、三〇〇万円は持って帰れると思っていました。両親のために家を建ててあげたい。そのためには、一二〇万円では足りない。ベトナムに帰ってしまったら、稼げない。技能実習が終わる前に失踪して、まだまだ働きたい」

日本が嫌いになったかと聞くと、Aさんはこう答えた。

「会社のことは嫌いですが、日本は嫌いではありません。弟は溶接の実習生として名古屋にいますが、残業も多く、給料が高い。二年でもう二五〇万円を貯めています。私は、運が悪かったと思います」

実習先の会社を選べるようになればいいですねと、最後にAさんは口にした。

†労働時間が短いと失踪者が増える

技能実習生の失踪問題が国会審議等で注目を集めたことをきっかけに、法務省はプロジェクトチームを結成し、二〇一九年三月に失踪技能実習生の調査結果を公表した。

調査の対象は、二〇一七年一月から二〇一八年九月に失踪後の不法在留などで摘発され、入国警備官が聴取票を作成した五二一八人の失踪技能実習生だ。彼らを受け入れていた企業など四二八〇機関に対し賃金台帳などで裏付け調査をした結果、七五九人が不正な扱いを受けていた疑いがあることがわかった。複数の不正な扱いを受けているケースもあるため、延べ人数では九三七人に上る。その内訳は、最低賃金違反が五八人、契約賃金違反が六九人、賃金からの過大控除が九二人、割増賃金不払いが一九五人、残業時間不適正が二三一人などだった。

この最終的な調査結果では何故か言及されていないが、特筆すべきは二〇一八年の臨時国会中に法務省が示した調査結果だ。対象は二〇一七年の失踪者に限られるが、失踪の理由や賃金、来日前に母国の送り出し機関に払った金額が調査結果に含まれていた。

失踪の理由(複数回答)は「低賃金」が一九二九人と約六七%を占めていた。そのうち、法令違反に当たる「低賃金」では、契約賃金以下が一四四人、最低賃金以下という人も二二人いた。失踪の他の理由としては、「実習終了後も稼働したい」(五一〇人)、「指導が厳しい」(三六二人)、「労働時間が長い」(二〇三人)、「暴力を受けた」(一四二人)などが挙がっていた。

失踪前の月給は「一〇万円以下」が過半数を超える一六二七人で最多。来日前に母国の送り出し機関に払った金額は「一〇〇万円以上一五〇万円未満」が一一〇〇人で最多だった。

失踪を生み出しているのはお金の問題だ。それはAさんの例を見ても明らかだ。取材時にはAさんは失踪した仲間の話にも触れていた。

失踪した実習生への聞き取り調査結果

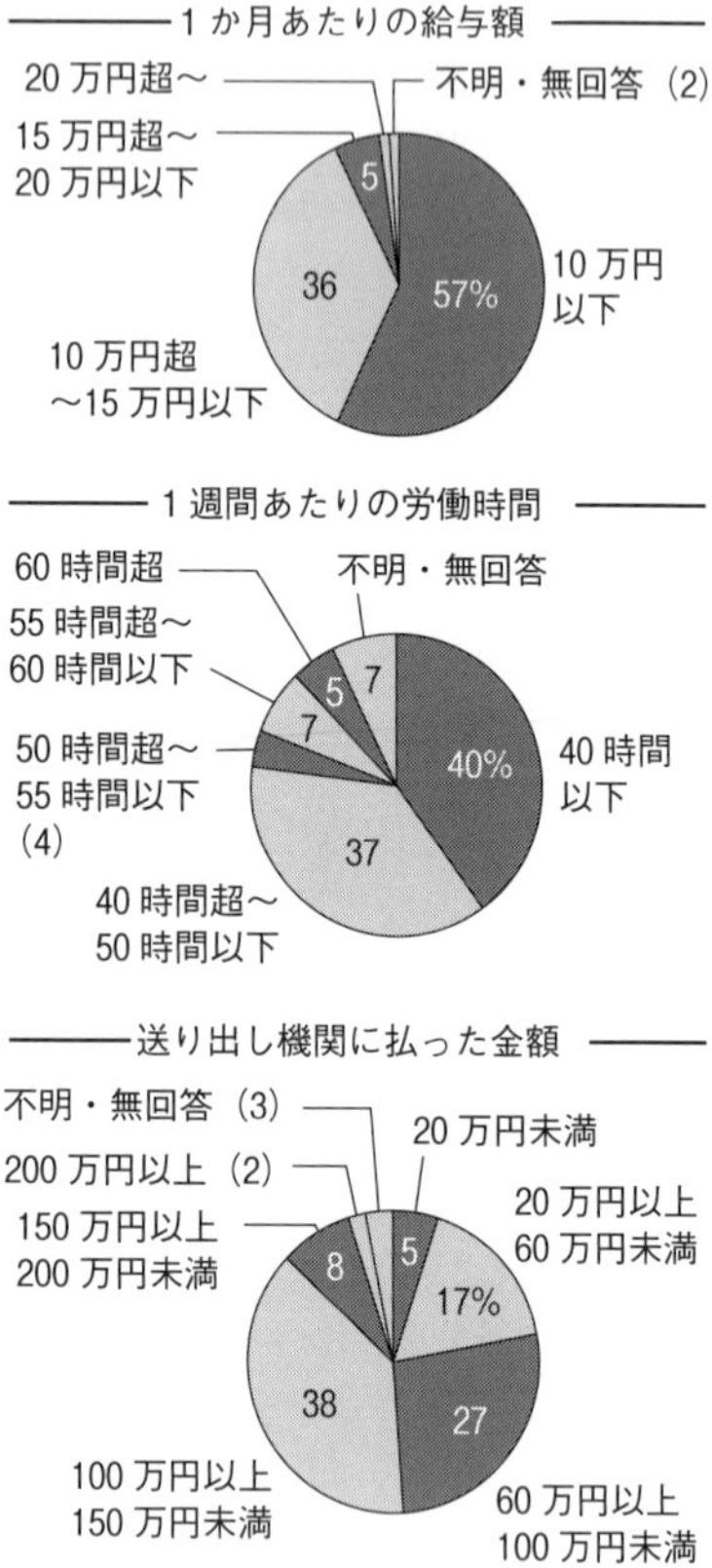

法務省調べ

「入国後に一緒に講習を受けた仲間で、とび職の友人はもう失踪しています。休みが多く、手取りが六万円とかしかもらえないんです」

失踪者たちの「一週間あたりの労働時間」にも注目したい。失踪者を生み出すような実習先なのだから長時間労働がはびこっているのだろう——日本人の感覚ならそう思うかもしれないが、実習生の感覚は逆だ。失踪者の調査では、最も多い労働時間は「四〇時間以下」（四〇

%）で、五〇時間以下までが全体の約八〇%を占める。「六〇時間以上」は五%に過ぎない。労働時間が短ければ短いほど失踪者が多いのだ。

これまでも書いてきた通り、実習生の大半は技術や知識を学びに来るわけではない。お金を稼ぎにくる。日本人とは違い、長時間労働は大歓迎。休みなく働き、できるだけたくさん稼ぎたいのだ。

「残業の多い求人は人気です」

送り出し機関関係者から、何度と聞いた言葉である。

†失踪ラインは借金七〇〇〇ドル

失踪者の割合を業界別に見ると興味深い。先述の二〇一七年の失踪者の調査によれば、失踪者は建設業が最も多く、全体の三六%。次いで農業（一七%）、繊維・衣服（一〇%）と続く。実習生の人気のない職種がずらりと並ぶ。この三業種に関しては失踪リスクが高く、取り扱わない監理団体も少なくない。不人気の理由をハノイの送り出し機関幹部は、こう説明する。

「建設は野外の力仕事で大変な上に、拘束時間が長い。朝、事務所で資材を積んで、現場まで車で数時間。その間の給料は出ない。農業は個人商店で、労働法を理解していない農家が多く、長時間労働や残業代の未払いなどの問題が起きやすい」

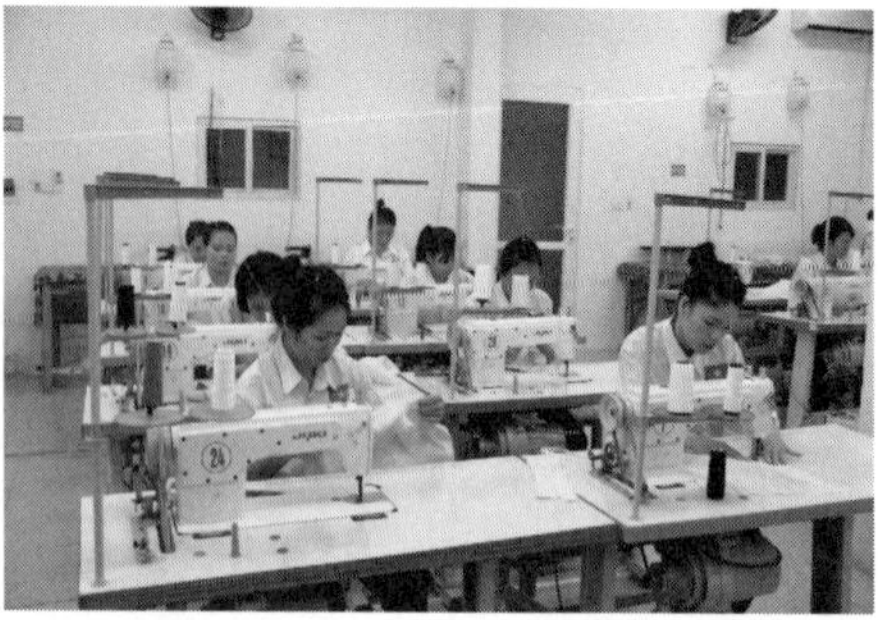
実習生に縫製の職は人気がないという

また、繊維・衣服などの縫製の仕事については、こう話す。

「社会保険や寮費を引いた手取り賃金は一〇万円に満たないことが多い。時給計算ではなく、出来高で払われるところも多く、長時間労働になりやすい。募集してもなかなか人が集まらず、結果として集まるのは別の求人ではなかなか採用されない三〇代の女性が多い」

多額の借金を背負ってでも日本を目指す実習生たち。満足な給料があれば返済していくことができるが、できない、または、返済に時間がかかるとなれば、たちまち失踪のリスクが高まる。北関東のベトナム専門の監理団体の幹部はこんな話をする。

「借金の額が七〇〇〇ドルを超えると失踪リスクが高まります」

その額には根拠がある。実習生が一年間働いても、返しきれない額の目安だ。最低賃金水準の賃金でも、実習生は少なくとも月額六万〜八万円程度を貯金している。最初の一か月（事前研修が修了している場合）は入国後の講習になり、実際に働けるのは一一か月（講習期間の一か月目も六万程度の手当は支給される）。毎月七万円を貯金したとして、一年間では七七万円。これが一年で返しきれる上限の約七〇〇〇ドルということだ。

この監理団体幹部はこう話す。

「一年経っても借金が返せないとなると、プレッシャーが大きくなります。正直、実習先によって待遇は大きく変わります。残業も多く、毎月一五万円以上を送金する実習生もいます。家族や友人に「なぜ、あなたは少ししかお金を送れない」などと言われると、大きなプレッシャーになっていくのです」

†実習生の七割は家族や親族から借金

そもそも、実習生はどこから借金をするのか――。

メディアは「技能実習生は多額の借金を背負い」などと、それがまるで定型句のように彼らの姿を悲観的に描きたがる。一〇〇万円にものぼる彼らの借金。日本人にとっても大金だが、ベトナム人にとってはさらに大金だ。多くの実習生の故郷である農村部の月収は二万円程度であることは筆者もその目で見てきた通りだが、一〇〇万はその五〇倍だ。日本の農村部の貧しい農家の月収を二〇万円とすると、その五〇倍は一〇〇〇万円だ。いったい、日本の農村部出身の高卒の若者が一〇〇〇万円を借りることができるだろうか。難しいだろう。

ではいったい、実習生は一〇〇万円もの大金をどうして準備するのだろうか。ハノイ市の中規模送り出し機関で書類部に在籍する現役職員が取材に応じた。金融機関からお金を借りる実習生が大半かと思ったが、実態は違うようだ。現役職員の説明はこうだ。

「費用の全額を銀行などから借金する人は、一〇人いれば三人程度でしょう。大半は家族や親族からの借金です。ベトナムでは、親が子どもの結婚式のためにお金を貯めているものです。その額はだいたい五〇万円前後です。実習生の年代になれば、家族はそのくらいのお金は子どものために準備しているものです」

足りない分は親族などに声をかけ、集めるケースが多いと言う。興味深いのは無尽《むじん》、頼母子《たのもし》講《こう》と呼ばれた、日本古来の相互扶助型の金融システムが地方に生まれていることだ。

「地域などでお金を集め、一人ずつ行かせるケースもあります。集めたお金で一人を行かせ、その一人からの送金で資金を貯め、また次を行かせるという風に、順番に行かせる方法です」

(書類部の現役職員)

†実習生を支える「アグリバンク」

もっとも、全額を銀行などの金融機関や高利貸しから借りるケースは少ないものの、家族や親族の貯金で足りない分を金融機関から借りるケースは多々ある。先の書類部の職員が在籍す

地方にも広く展開するアグリバンク

る送り出し機関では、そうした実習生のために民間のリエンベトポストバンク（Lienviet Post Bank）を紹介しているという。金利は一〇・五%で、土地や車などの担保があれば、七〇〇〇万ドン（約三五万円）、または八〇〇〇万ドン（約四〇万円）を借りられるという。

この送り出し機関の場合は民間の銀行を紹介しているようだが、これはレアケースで、実習生の強い味方になっているのは国営銀行だ。なかでも実習生への資金提供で圧倒的な実績を持つのが、地方都市にも大きく展開するアグリバンク（ベトナム農業・農村開発銀行）だ。

ベトナム北部のバクザン省の支店に問い合わせると、金利は店舗によって違うと説明された。この支店の場合、中期で借りると一一・五%、短期（一年以内）だと九・五%だという。土地や車を担保にお金を借りられるが、そもそも車を保有している家庭は少なく、土地を担保にすることが多いそうだ。

ベトナムは共産党一党体制の社会主義国家で、土地は国が管理しているが、その所有権は売買されている。建

土地の権利書

物も所有権が認められ、土地と建物の所有者が異なることもあり、建物賃借権も認められている。借金は実習生本人が負っているわけではなく、親や親せきなどの近親者が土地の所有権を銀行に預け、お金を借りる形になる。そのため、借金を返せなければ家族が路頭に迷う結果になるのだ。

アグリバンクに海外労働者専用ローンのようなものはないが、実習生への融資は出やすいという。借りられるお金は、実際にかかる費用の八割だ。法定の手数料三六〇〇ドルの八割ではなく、学費やスーツケース購入費など、日本に行くためにかかるすべての費用の八割だという。

実習生の場合、土地などの担保のほか、送り出し機関に所属することを示す書類と、日本企業との労働契約書の提出が求められるという。労働契約書にはベトナム語の翻訳も必要になる。

†出国前に始まる借金返済

稼ぐ金額だけを見れば日本のほうが高いが、台湾で働くことを選ぶ人がいることは先に書いた。ここにも借金の問題がありそうだ。

実習生が大きなお金を準備するタイミングは三回ある。

まずは、面接のために訓練センターに入るときだ。この時に五万程度を預かり金として送り出し機関に払う必要がある。面接合格後に訓練センターに入る際に返金されるが、面接のキャンセルなどを防ぐ目的で支払わされる。

次は、面接に合格し、訓練センターに入るタイミングだ。このときの負担が最も大きい。送り出し機関により異なるが、例えば、ある送り出し機関の支払総額は七二〇〇ドルだが、訓練センターに入るタイミングで五四〇〇ドル（約六〇万円）を準備しなければならない。その内訳は、出国までの半年程度の訓練センターでの教育や生活にかかる実費と、紹介手数料の半額だ。このタイミングで金融機関からお金を借りると、負担はとても大きくなる。残り半額の紹介手数料は、在留資格取得時に支払う。

例えば、訓練センターに入るタイミングで、五〇万円を金利一〇％で借りたとする。借入期間を三年とすると、月の支払額は一万六一三三円で、一か月目の利息額は四一六六円〈元金額（五〇万／三六か月）×金利（利率）×借入期間〉になる。半年分の支払いは約一〇万円で、元金が多い間は利息も高く、約二万三〇〇〇円だ。

当然だが、ベトナム国内の訓練センターで勉強している間は給料が出ない。ただ、その間に支払いを始めなければならない。日本で給料をもらい始めれば返済も可能だが、月収二万円程度の農村部の子どもにとっては利息だけを返済するのも大変だ。彼らが早く働きたいと思う背景には、こうした事情もある。そのため、給料は安いとわかっていても、一定数の若者はすぐに働き始めることのできる台湾を目指すのだろう。

†労働力輸出は国の政策

ベトナムの政府系金融機関が海外労働者へ積極的にお金を貸し付けている事実を見逃せない。ベトナムのグエン・スアン・フック首相は二〇一九年九月、海外に派遣される貧困地域の住民を対象に、派遣費用を最大全額融資する首相決定二七号(27/2019/QD-TTg)を公布した。国が指定する貧困エリアに一二か月以上居住し、政府認定の送り出し機関からの派遣であれば、無担保で政府系のベトナム社会政策銀行から資金を借入できる。特別な低金利で、最長で労働契約期間と同じ融資期間を設定できる。利息は貧困世帯向けの利息の五〇%で、五%以下の低金利だ。

こうした国を挙げた融資政策をとるのも、海外労働者自体が国の商品であるからだ。人材の送り出しは外貨獲得のための「労働力輸出」と呼ばれる国の政策である。

ベトナム政府は一九九八年に「労働者・専門家の輸出は、人材育成、雇用創出、労働者の収入、技能の向上、国家のための外貨獲得、およびわが国と諸外国の協力関係の促進に貢献する経済的社会活動である」（41号文書）と述べており、二〇〇六年には「契約による海外派遣ベトナム人労働者法」を制定している。

海外に派遣されるベトナム人の数は、一九九二年から二〇〇〇年までの約一〇年間で一二万人だったが、二〇〇一年からの一〇年間で約七五万人まで増加している。二〇一三年頃からは日本への派遣が主流となり、二〇一四年には初めて海外派遣労働者が単年で一〇万人を超えた。直近の二〇一九年は一五万二五三〇人が海外に派遣されている。二〇一九年現在、海外で働くベトナム人労働者数は約五四万人と推計され、ベトナムへ年間約三〇億ドル（約三三〇〇億円）の送金がある。

†NHKのミスリード

厳しいノルマを課せられ、仕事は朝の七時から夜一一時まで。洗濯する時間もなく、雨の季節は生乾きの服を着て作業をした。窓のない寮に二八人が押し込められ、共同生活を強いられた。何かあれば「ベトナムに強制帰国」と脅される。婦人服や子ども服の製造と聞かされ来日したが、実際の仕事はタオルの製造――。

「家畜扱いされて一日中叱られています」

二〇一九年六月二四日に放送されたNHKのドキュメンタリー番組「ノーナレ」では、今治

NHKのドキュメンタリー番組「ノーナレ」

市の縫製工場で働くベトナム人技能実習生の姿が映し出された。そのあまりに劣悪な環境に、インターネット上では企業を特定しようとする動きや、Twitter（ツイッター）上で「#今治タオル不買」を呼びかける声が上がるなど、今治タオルブランドをめぐる炎上騒ぎにまで発展したことは第一章で触れた通りだ。

しかし、これまで見てきた通り、大半の実習生は日本でお金を稼ぎ、地元に家を建てたり、商売を始めたり、筆者の実感としては日本に行く前より生活が良くなったというケースが大半である。

ただ、この番組のように実習先によっては劣悪な環境で働かされ、低賃金ともなれば、失踪という選択肢しか残らないだろう。多額の借金を背負っていれば、嫌になったからと帰国するわけにはいかない。

しかし、単純な疑問が残る。なぜ、実習生たちにとっては外国の、それも、報道関係者に告発するまで事態が明らかにならないのか。番組をキッカケに彼女たちが働く職場に批判が集まったが、監理団体、さらには、その監理団体の許認可権を持つ外国人技能実習機構の責任も問われるべきだろう。実習生が技能実習計画通りに働いているか。法律に反せず、実習実施企業は適正な賃金を支払っているか。それらを監理し、実習生を保護するのが、監理団体の仕事だ。

一方、NHKの番組には違和感を覚えると言わざるを得ない。スキャンダラスに現場を取り上げるだけで、技能実習制度自体への問いかけもなく、監理団体や外国人技能実習機構への言及もない。これでは視聴者に「劣悪な環境で実習生を働かせるひどい日本人がいるもんだ」程度の認識しか与えないだろう。ワイドショーならまだしも、これが公共放送の仕事なのか。取材班は技能実習生からSOSを受ければ、その監理団体や外国人技能実習機構に取材することもできただろう。批判するならば川下だけでなく、川上からの実習生の受け入れ体制に言及すべきだ。責任が問われるのは実習先の企業だけではない。

当時、ニュースサイト「BUSINESS INSIDER JAPAN」でこの問題を取材していた筆者は、こうした疑問をNHKに問うた。すると、ファックスで回答があった。

「番組は、外国人技能実習生の置かれた状況について、関係機関も含め取材を重ねながら制作しました。関係機関とのやりとりは、取材・制作の過程に関わるため、お答えしていません」

（NHK広報担当者）

神戸大学の斉藤善久准教授（本人提供）

†実習生に性的な関係を強要

もっとも、実習生が声をあげるのは稀だ。そもそもデモなどの活動が禁じられる社会主義国で育った実習生らは、何か権利侵害や不正があっても、それに気づくことは難しい。さらには、たとえ劣悪な環境を自覚していても、仕事を失うことを恐れ、声に出さないケースも多い。

ベトナム労働法を研究する神戸大学の斉藤善久准教授のもとには、日本で生活する実習生や留学生からのSOSが後を絶たない。緊急性を感じ、自ら現場に乗り込むケースも少なくない。

SOSを出したのは、徳島県の縫製工場で働く実習生の一人だった。その縫製工場には一〇名のベトナム人実習生が働き、工場二階に設置された宿舎で寝泊まりをしていた。

四〇代の男性社長は夜な夜な宿舎に忍び込み、実習生に性的な行為を強要。応じなければ残業代は支払わないと迫っていたが、実際に支払われていた残業代は時給三〇〇円だった。数名は男性社長と関係を持ち、それ以外の数名がスマートフォンでその様子を撮影し、二〇一七年末に外部の支援者を通じ、斉藤氏に届けた。

ただ、彼女たちの訴えは会社への処分を求めるものではなかった。斉藤氏は言う。

「警察や労基署への告発を行わないように依頼してきました。これは、もし社長との関係が明らかになれば、少なくとも被害に遭った本人は封建的なベトナムの田舎で待つ夫や恋人、実家周辺のコミュニティに帰れなくなります。また、その会社が行政処分などを受けた場合に自分たちが仕事を失うことを恐れていました」

借金を背負った状態で転職や転居の自由を著しく制限されるため、権利侵害の被害者自身が当該事実の隠蔽に動かざるを得なくなる技能実習制度特有の問題だと斉藤氏は指摘する。

実際、被害を公にしたい二名と隠蔽したい八人の対立が起きていた。こともあろうに事実の隠蔽を優先した八名が社長側につき、被害を公にしたい二人のスマートフォンを取り上げ、外部との通信記録を確認するようになった。斉藤氏がつながっていることも明らかとなり、二名は悪者扱いにされる始末だった。

斉藤氏は二名を助けるため、職場近くまで足を運び、彼女らとの面談を試みた。彼女らは週末や祝祭日すら休みは与えられておらず、元旦さえも職場の清掃を命じられていた。斉藤氏が彼女らの職場近くで二名と待ち合わせをしたのは、二〇一八年一月二日だ。

しかし、現場に到着すると、二人から連絡があった。

「社長が実習生全員を事務室に集めて自分たちと斉藤さんの動きに関する対策会議を始めたの

で外に出られない」

斉藤氏はその会社を直接訪ね、実習生の面前で社長を問い質した。未払いの残業代の問題は追及したが、性的搾取の問題には触れなかった。

「未払い残業代を計算するための裏帳簿は捨てた」、「そもそも清算のための資金はない」、「母親が宝くじを買ってくれたが外れた」――。

社長の弁明はひどいものだった。

斉藤氏は帳簿の作り直しを約束させ、現場を離れた。

後日、一人百数十万円から二百数十万にもなる実習生ごとの未払い残業代の明細書が届き、以後はすべて弁護士が対応すること、会社は倒産することになると連絡があった。斉藤氏が外国人技能実習機構ほか、関係各所に連絡をとり、実習生たちは未払い賃金に関する国の一部立て替え払いや失業保険の受給、新しい実習先の確保も実現したという。

†ドイモイ以前を生きた親世代

実習生が声を上げづらい理由に「成功格差」もあるだろう。満足な賃金も払われず、夜な夜な経営者が性的強要してくるような前項のような職場は論外としても、実習先の当たり外れは大きい。第一章の最後に取り上げたアンさん（二八歳・送り出し機関勤務）のように、残業も多く手取り額が二〇万円を超えるような職場もあれば、最低賃金の安い地方都市で残業もなければ手取り額が一〇万円を超えることはない。

また、働きやすい環境を整える努力を惜しまない受け入れ企業の経営者もいれば、パワハラ、セクハラが常習の職場もあるだろう。賃金も安く、ろくでもない経営者の元での技能実習となったら最悪だ。

ただ、どうしても共有されるのは「日本に行けば稼げる」「日本人は優しい」という成功談だ。先出の斉藤氏はこう話す。

「三年間の実習を終えて故郷で家を建てる実習生がいる一方、期待しただけ稼げなかったり、中途帰国を余儀なくされたりした場合などは、周囲の目をはばかって故郷に戻らず、家族も口を閉ざします。ベトナム人はプライドが高く、失敗談の公言を好まないため、負の経験が共有されません。成功談ばかりが蓄積されるため、その期待からくるプレッシャーも声を上げづらくする一因です」

正しい情報も伝わらない。筆者が実習生を取材していて最も不思議だったのは、外国人の筆者でさえ、ベトナムの送り出し機関が徴収できる手数料の上限額が三六〇〇ドル（三年の場合）だと知っている。なのに、どうして法外な手数料を払って日本に来るのかということだ。ここにはベトナムならではお国事情があるようだ。斉藤氏はこう解説する。

「ベトナムは一九八六年に国家主導の計画経済から市場経済への大転換を図りました。いわゆるドイモイ政策です。ドイモイ以前の時代を生きた親世代には、地位やチャンスは賄賂を払って買うものだという意識が強く、高いお金を要求されればされるほど、好条件、好待遇の仕事が得られるのではないかと考える人が多いのです」

ただ、現在送り出し機関を運営する幹部クラスは、ドイモイ以降に生まれた世代が中心だ。法外な手数料は、単に複数のブローカーが介在していたり、他社から営業ライセンスを借りて営業するためにかかる余分な費用が乗っかっていたりするに過ぎない。

手数料の上限が三六〇〇ドルと知りながら、総額一万ドルを支払い、北陸地方の電子部品工場で技能実習する女性に話を聞いたことがある。なぜ、高いと分かっていながら、他の送り出し機関を探すなど、別の方法を考えなかったのか。彼女の答えはこうだった。

「おばあちゃんが勧めた会社だったので仕方がありません。私の知り合いの送り出し機関は手数料が五〇〇〇ドルでしたが、そんな安いところは駄目と言われました」

彼女は零細企業が目立つ技能実習生のなかでは珍しく、日本人なら誰もが知るような大手メーカーで技能実習をしている。大手企業らしく、住居は一人一部屋与えられ、社員食堂ではランチが無償提供されるという。ただ、彼女はこう不満を口にした。

「労働環境はとてもいいですが、労務管理も徹底されていて、まったく残業がありません。これでは借金を返すだけで技能実習が終わってしまいそうです」

†外国人技能実習機構の役割

劣悪な環境に入っても声を上げづらい実習生。彼らをどのように救うのか。二〇一七年一一月に施行された技能実習法により、実習生保護が強化された。その最も大きなポイントが外国人技能実習機構の新設である。

外国人技能実習機構は法務省と厚生労働省が所管する。本部を東京都港区に構え、全国に一三の地方事務所・支所を持つ。監理団体の許認可権を持った上で、指導に従わない場合は監理団体の許可を取り消したり、技能実習計画の認定を取り消したりすることができる。これまではジツコが実地検査などを行ってきたが、あくまで民間団体で、行政指導をする権限がなかった。

外国人技能実習機構は実習生に対する相談や援助の役割も担っている。外国人技能実習機構には「技能実習を行うことが困難となった技能実習生であって引き続き技能実習を行うことを希望するものが技能実習を行うことができるよう、技能実習生からの相談に応じ、必要な情報の提供、助言その他の援助を行うとともに、実習実施者、監理団体その他関係者に対する必要な指導及び助言を行う業務」(技能実習法第八七条)が義務付けられている。具体的には、シェルターの設置や実習先の変更の支援が求められているのだ。

しかし、機構はシェルターとして全国三七〇以上のホテルと契約しているが、二〇一七年の技能実習法がスタートして以降、実際に宿泊支援をしたのは六〇人に過ぎない（二〇一九年一二月末時点）。また、機構は実習先の変更を支援するサイトも設置しているが、認知度は低い。八か国語で相談できる「母国語相談」ページも持つが、効果は限定的だ。

†実習生の駆け込み寺「日新窟」

本来、外国人技能実習機構がトラブルを受けた実習生の駆け込み寺となるはずだが、その役割を十分に果たしているとは言えない。外国人技能実習機構に変わり、各地の労働組合や有志たちが、その救済に奔走している。東京タワーのほど近くにある浄土宗の寺院「日新窟」（東京都港区）もその一つで、実習生や留学生の文字通りの駆け込み寺になっている。

日新窟は、日本で亡くなったベトナム人実習生や留学生を弔ってきた。二〇一九年六月には敷地内に供養塔を設置し、本堂で預かってきた位牌約一五〇柱を移した。多くが二〇～三〇代の実習生や留学生のものだ。同寺院が知られるにつれ、労働相談なども寄せられるようになっている。同寺院の僧侶で、ＮＰＯ法人日越ともいき支援会代表の吉水慈豊《じほう》さんは、日新窟が駆け込み寺になるまでの経緯をこう説明する。

「東日本大震災のときに、ベトナム大使館から要請があり、東北で被災したベトナム人技能実習生、留学生を受け入れました。この活動をキッカケに、フェイスブックなどを通じ、日新窟というお寺がベトナム人に知られるようになりました」

その後、日新窟と在日ベトナム大使館、ベトナム仏教界との交流も深まり、様々な依頼が届くようになる。その一つが、信者会の結成だった。日新窟に籍を置く僧侶のティック・タム・チーさんが会長となり、在日ベトナム仏教信者会が発足した。

亡くなった方のお葬式や火葬場の手配、遺体の搬送など、日新窟にはお葬式を中心とした依頼が集まっていたが、タム・チーさんのフェイスブックには劣悪な環境で生活する実習生や留学生から「助けて欲しい」などの声が届くようになった。

浄土宗の寺院「日新窟」の供養塔（日新窟提供）

こうして、実習生たちの駆け込み寺になった日新窟だが、彼らは外国人技能実習機構を知らないのだろうか。吉水さんはこう話す。

「彼らの多くは外国人技能実習機構のことを知っています。日新窟に駆け込んでくる実習生が一〇人いたとすれば、そのうち、六人か七人はすでに外国人技能実習機構に相談をしています。だけど、何も対

寺務長の吉水慈豊さん（本人提供）

応をしてくれなかったり、対応を待てずに失踪してきたりする子ばかりです」

機構はたらいまわし

吉水さんは一例を挙げた。

二〇一九年一一月六日、三重県四日市の実習生からタム・チーさんのメッセンジャーにSOSが入った。同じ職場に勤めるとび職の実習生三人で、全員が技能実習とはまったく関係のないトマトの栽培や洗車などの資格外活動にも従事させられ、何より暴力的な日本人上司に怯えていた。

下から鉄パイプを持ち上げて渡そうとすると「横着するな」と怒鳴られ、かついで持って上がると「下から上げろ」と怒鳴られる。挙句の果てには下から鉄パイプを渡そうとすると、日本人上司が手を放して上から鉄パイプを突き落とした。身の危険を感じた。

彼ら三人は日新窟に相談する前に、既に三重県が設置する「外国人相談サポートセンターＭｉｅＣｏ」に相談をしていた。ただ、所属する監理団体に相談をするようにとアドバイスを受けるにとどまった。

吉水さんが彼らに代わり、「M・i・e・C・o」に連絡をとった。「外国人技能実習機構には連絡をとったのか」と確認すると、「それは本人たちが直接、行かないと駄目だ」と言われた。続けて、彼らの「代理人」として外国人技能実習機構に電話を入れると、

「彼らから直接、母国語専用ダイヤルに連絡するように言ってください。そうすれば、こちらまで話が上がってきます」

自分で動いたほうが早いと、吉水さんは電話を切った。

その後、吉水さんは三重県の職場を訪れ、その代表者と面談。それまでは時給制で仕事がなければ手取りが一〇万円を下回ることもあったが、最低でも月の手取り額を一二万円以上にすることも約束させた。

日新窟には、こうした相談が毎日のように寄せられている。

「これは外国人技能実習機構の仕事ですよね」

筆者がそう尋ねると、吉水さんは苦笑いを浮かべた。

†入国時に技能実習生手帳を配布

実習生の保護強化など目的に設置された外国人技能実習機構だが、その存在は実習生にどのように伝えられているのだろうか。

外国人技能実習機構は、入国の際に入国審査官を介し、実習生に「技能実習生手帳」を配付している。九か国語で作成されており、実習生はそれぞれの母国語に訳された技能実習生手帳を受け取る。その内容は、実習生の心構えや生活・衛生面における情報のほか、日本の労働関係法令などもまとめられている。手帳には行政相談窓口の案内もあり、そこに外国人技能実習機構の連絡先の記載もある。

実習生は先述の通り、入国後に講習を受けるが、その際の教材の一つとして「技能実習生手帳」を必ず使用することになっている。技能実習制度運用要領にはこうある。

「『本邦での生活一般に関する知識』及び『法的保護に必要な情報』の科目については、技能実習生手帳を教材の一つとして必ず使用し、技能実習生に対し、技能実習生手帳の活用を促すようにしてください。法施行後においては、機構で実施する母国語相談において申告を受け付けること等についても、知識として付与してください」

つまり、実習生は皆、外国人技能実習機構の存在を知っており、その連絡先も確認している。それでも、なかなか支援につながらない理由は何なのか。

あるベトナム人支援団体の幹部は、こんな理由を口にした。

「相談ダイヤルで対応するのは外国人技能実習機構の職員や非常勤職員ですが、高卒中心の実習生たちとは違い、大卒のベトナム人です。実習生を見下すような感じもあり、必ずしも真摯に対応に乗ってくれるわけではありません」

　また、この支援団体幹部は、あくまで「相談ダイヤル」であることを指摘する。

「電話をしたからと言って、すぐに保護してくれたり、監理団体の確認に行ってくれたりするわけではありません。あくまで相談を受けるだけで、対応はそれから。実習生のSOSは緊急性の高いものが多く、相談を受けたらすぐに動かなければなりません」

ユーチューブで拡散された動画

下僕と呼べと指示される

　もっとも、実習生保護の一義的な責任は監理団体にある。企業の技能実習が計画通りに行われているか。実習生が適切な環境で働いているか。監理団体にはその監督責任がある。

　二〇一九年一〇月、建設現場のような場所で、作業着を着た男性がリードを引き、その傍らで同じく作業着を着た男性が四つん這いになり、犬のように歩かされている動画がSNS上で話題になった。ユーチューブ上にアップロードされた動画には「【人種差別】ベトナム人実習生が日本人に犬の真似をさせられる」というタイトルがつけられ、「国際問題になる」とSNS上で大きく拡散された。「とくダネ」(フジテレビ)や「モーニングショー」(テレビ朝日)などのワイドショーまでもが番組で取り上げるほどだった。

だが、ふたを開けて見ると、犬のように歩かされていたのは、ベトナム人実習生ではなく、日本人。急速に注目を失ったニュースだったが、あの動画を撮影したのは間違いなくベトナム人実習生だった。なぜ、あのような動画を撮影したのか。筆者は支援団体を通じ、この動画を撮影した実習生と接触した。その理由をこう話した。

「異常な現場の状況を監理団体や送り出し機関に見てもらうために、撮影しました」

撮影者を含む三人は、二〇一八年七月一九日にとび職の実習生として来日。入国後に監理団体で一か月間の講習を受け、東京都内の建設会社で技能実習を始めた。技能実習の開始に合わせて建設会社の寮に入った。四人一部屋で、三人のベトナム人技能実習生と日本人が一人。その一人の日本人が、動画に出てくる男性だったという。

その男性を、仮にAさんとする。実習生の一人がこう話す。

「社長からは(男性のことを)下僕と呼べと言われ、最初はそれがAさんの本当の名前だと思っていました。社長がインターネットで調べ、ベトナム語で下僕と書いたシールをAさんのヘルメットに貼っていました」

この実習生によれば、その後、Aさんには別の名前があることを知り、かわいそうだからという理由で、ベトナム語で下僕と書いたシールを実習生自らがはずしたという。

実習開始からわずか数週間。事件は起こった。

「髪は切れるか」

社長にそう指示され、実習生の一人がAさんの髪を散髪した。社長から「(残った髪が)おちんちんの形になるように散髪しろ」という注文も入り、言われた通りにした。散髪を終えて社長に報告すると、満足気だったという。

ところが、同日、監理団体の職員が訪れ、実習生が集められた。ベトナム人通訳を通し、厳しい注意を受けたという。

「社長に言われてやっただけなのに、なぜそんなことをするのかと怒られました。意味がよくわかりませんでした」

実習生の一人はそう振り返る。

†日本は文明的な国じゃなかった

異常な現場の状況に、実習生の一人は早々に帰国を決意する。フェイスブックメッセンジャーで取材に応じた彼は、こう話した。

取材に応じた元実習生

「社長からAさんへの日常的な暴力もあり、怖さを感じました。監理団体に会社を変わりたいと伝えましたが、まったく応じてくれず、もう帰国したいと考えるようになりました」

帰国する意思を見せると、失踪を恐れてか、母国で在籍していたベトナムの送り出し機関の日本駐在員が、家の鍵をかけて外で待つなど、彼の生活を帰国まで監視したという。

実習生として働いたのはわずか三週間程度。帰国後に最初の一か月間の講習手当と三週間働いた分の賃金を合わせて約二二万円が振り込まれたが、人生設計は大きく狂った。

「親に土地の権利書を担保に出してもらい、約七五〇〇ドル（約八三万円）を支払って日本にきました。送り出し機関は帰国後に七割返金すると話していましたが、実際は三割しか返ってきていません。もう、海外で働くチャンスはないでしょう。今は毎日建設現場で働きながら、借金を返済する毎日です」

筆者が「日本が嫌いになったか」と尋ねると、彼はこう答えた。

「日本でもベトナムでも悪い人がいる。自分は運が悪かった」

問題となった動画は、どのように撮影されたのか。撮影した実習生の一人はこう話す。

「休み時間に社長がAさんに首輪をつけて、犬みたいに歩かせ始めました。最初は見ていて、意味がわかりませんでした。こんな会社は普通じゃないと思いました。それを監理団体や送り出し機関に見て判断してもらおうと思い、スマートフォンで撮影したんです」

実は、動画はあれだけではない。Aさんのお尻の穴にタバコを突っ込む動画など、常軌を逸した現場の様子を容易に示す動画や写真が複数ある。それでも、監理団体の職員は「社長と話をする」と答えるだけで、何かが変わることはなかったという。

今はAさんに社長の矛先が向かっているが、いつ自分たちに向けられるかわからない――そんな恐怖から、人目のつかない正月を狙い、残った二人の実習生は二〇一九年の一月二日に失踪した。現在も失踪者として仕事をしている彼らだが、撮影者の一人はこう話した。

「一〇〇万円くらい借金をして、二五万円くらいは返しましたが、家族にお金を送れません。合法的な立場に戻って、ちゃんとした会社で技能実習をやりたいです。日本は文明的な国だと思っていましたけど、そうじゃなかった。日本に来なければ良かったと後悔しています」

†どんちゃん騒ぎで大クレーム

ただ、監理団体側の話を聞いてみると、違った側面が見えてくる。

筆者が三人の実習生を受け入れていた監理団体に取材を依頼すると、三人の実習生および、実習先の建設会社の担当者が取材に応じた。なぜ、社長の指示通りに髪を切った実習生が注意されたのか。監理団体の担当者はこう説明した。

「社長から「髪を切れと頼んだが、実習生がふざけて従業員の頭を変な形にした。注意して欲しい」とクレームが入り、ベトナム人通訳を連れてすぐに現場にいきました。その時は社長に言われたように、彼らを注意していました」

担当者は一呼吸おき、こう続けた。

「すでに、実習生からAさんのお尻の穴にタバコを突っ込む映像を見せられていましたが、動画を見る限りは実習生の笑い声も聞こえてきたので、一緒にふざけているのかと思っていました。ただ、変な会社だなとその後は注意して見るようにしました」

その後、実習生から送られた犬歩きの動画を見て、異常を確信したと担当者は話す。

「すぐさま警告に行きました。こんなことが現場で続くようなら、技能実習を中止しますと伝えました。それ以降は、実習生から何も言ってこなかったので、問題なく技能実習が進んでいるものと思っていました」

しかし、失踪した実習生は監理団体が対応してくれなかったと話している。なぜ、両者の言い分が食い違うのか。

実習生が建設会社で技能実習を始めたのは八月の中旬頃だ。そして、犬の動画が撮影され、監理団体が建設会社社長に警告に行ったのが九月の初旬。監理団体側は、それ以降は技能実習に問題はなかったと認識している。どうやら、実習生が失踪したという一月二日に、彼らにとっての不都合な真実もあるようだ。担当者はこう話す。

「失踪した二人が二日の夜に友人を彼らの建設会社の寮に招いて、お酒を飲みながら大騒ぎをしています。周辺からクレームが入り、翌日の三日に社長から注意をして欲しいと連絡を受けました」

担当者はベトナム人通訳を連れ、一月三日に実習生二人に注意をしている。正月休み明けの一月六日に一緒に近所に謝りに行こうと実習生と約束をした。

しかし、彼らと同じ部屋だったAさんが四日に寮に戻ると、彼らの姿はなかった。注意されたのが嫌だったのか。それとも、謝罪に行くことが嫌だったのか。

†転職はできないが転籍はできる

いずれにしても、こうした実習生の現場を取材するたびに感じるのは、なぜ、こうした企業での技能実習が認められてしまうのかということだ。繰り返すが、技能実習制度とは、「人材育成を通じた開発途上地域等への技能、技術又は知識の移転による国際協力を推進する」（技能実習法第一条）ことを目的とする制度だ。従業員に対し、社長自身が子どもじみたいじめを行う会社から、どのような技能や知識を移転し、国際貢献できるというのだろうか。帰国した一人や失踪した実習生二人は、この欺瞞に満ちた技能実習制度のしわ寄せを受けていると言わざるを得ない。

実習生は母国の発展のために知識と技能を習得するという目的で来日しているため、転職の権利はない。資格外活動となるため、自分の自由な時間を使ってアルバイトをすることも許されない。許されるのは、受け入れ企業が作成し、外国人技能実習機構が認定した「技能実習計画」で認定された実習先での作業のみだ。

ただ、受け入れ企業の問題で実習の継続が困難となり、なおかつ実習生が技能実習の継続を希望する場合は、ほかの企業に「転籍」して実習を継続することはできる。監理団体、元の受入れ企業は、「引き続き技能実習を行うことを希望するものが技能実習を行うことができるよう、他の実習実施者又は監理団体その他関係者との連絡調整その他の必要な措置を講じなければならない」（技能実習法五一条）。外国人技能実習機構も転籍を支援する専用ページを設けている。

この転籍がどの程度行われているのか。筆者が出入国在留管理庁に問い合わせると、「集計していません」という回答があった。転籍にはそれなりの事情があるわけで、それを集計していないとはどういうわけなのか。

ただ、転籍がスムーズに行われているとは言えないだろう。二〇一七年一一月に技能実習法が施行されて以降、外国人技能実習機構には実習生の一時避難のためのシェルター確保が求められている。シェルターと言っても実態はホテルで、全国三七〇以上のホテルと契約をしているようだ。その宿泊支援での利用実績は、二〇一七年一一月から筆者が出入国在留管理庁に確認した時点（二〇一九年一二月）で、六〇人に過ぎない。現在、一万人近い失踪技能実習生がいることを考えると、シェルターの利用や転籍がうまくいっているとは決して言えないだろう。

実習生が継続できる職種、作業が決まっているため、転籍先を探すのも困難だ。実習生自身が違った職種にチャレンジしたいと思っても、叶わない。転籍について、技能実習制度運用要領にはこうある。

「技能実習生の都合によるものは認められません」

先出の日新窟では転籍の支援にあたる場面も多いが、吉水慈豊さんはこんな現実も話した。

「失踪した理由がどうであっても、元失踪技能実習生というレッテルが一度つくと、それを積極的に引き受けようとする企業はなかなかいないのです」

取材に応じるトゥイさん

†技能検定試験に受からずに強制帰国

実習先の環境が劣悪で、転職もできないとなったら、残る選択肢は失踪しかない。その後の生活はよく知られてはいないが、先出の法務省の失踪技能実習生の調査結果に、興味深い数字がある。技能実習時の手取り給与と失踪後の手取り給与額を比較できた七七人の調査結果（失踪後の就労状況に関する調査）があり、失踪後の給与額の平均額は技能実習時代より約五万八〇〇〇円高いのだ。

働いた分の給与が支払われずに困っている、失踪した技能実習生の話を聞いて欲しい――。二〇一九年一一月、支援団体を介して出会った失踪技能実習生を取材する機会があった。実習生が失踪後に見る世界を覗くことになる。

ベトナム北部・紅河デルタ地方に位置するナムディン省出身のグエン・ヴァン・トゥイさん（三〇歳）は、二〇一六年に実習生として日本にやってきた。高校卒業後は地元の電力会社で働いていたが、職場の友人の紹介で出会ったブローカーから「日本に行けば月に一五万～二〇万円を稼げる」と言われ、興味を持った。約三〇〇万円で買った家のローンが負担になっており、それを一気に返せると考えた。

二〇一二年に結婚した奥さんの親族からもお金を借り、送り出し機関に約七五万円を支払った。送り出し機関のスタッフからも「日本に行けば一五万円は稼げる」と聞いていたが、日本企業との面接の際に求人票を確認し、それが手取り金額ではないと初めて知った。

実習先は、千葉県内の建設会社だった。仕事は八時から一七時。土砂を運ぶ作業や、コンクリートを流し込む作業など、毎日やることは違った。残業はときどきあったが、家賃と光熱費を引いて、手取り額は毎月一二万円程度だった。

「朝早いのがつらい。帰りも遅かった。毎日、千葉の会社から、東京や埼玉など、いろんな職場に行きました。職場の人はみんないい人でした」

そんなトゥイさんが、どうして失踪を決意したのか。技能検定に受からず、在留資格の変更ができなかったからだ。すでに述べたように、技能実習生には「技能実習1号」から「技能実習3号」までの区分がある。技能実習1号は一年目の一二か月、技能実習2号は二年目、三年目の二四か月、技能実習3号は四年目、五年目の二四か月の期間を指す。技能実習で上の号に移行するためには技能検定試験を受験し、合格する必要がある。不合格の場合、在留資格の変更が認められず、帰国しなければならない。

「普段やっていた仕事とは関係のない問題ばかりでわかりませんでした。自分と同時期に入社した実習生も試験に落ちました。社長はとても悲しそうでした」

Bộ Đội Tokyoにアップされている偽造書類売買広告の一例

実習実施者である受け入れ企業が実習計画通りにトゥイさんたちを働かせておけば、こうした悲劇も生まれなかっただろう。

†フェイスブックが失踪を支える

日本にくるための借金すら返せないまま、帰国するわけにはいかない。トゥイさんが向かった先は、ＳＮＳサイトのフェイスブックだった。フェイスブック内の検索窓に「Bộ Đội」（ボドイ）と打ち込んだ。

Bộ Độiとは、ベトナム語で軍や部隊を意味する言葉だ。Bộ Độiという言葉に続き「Japan」や「Nagoya」などの地名が入ったフェイスブックグループを見つけることができる。日本各地に潜伏するベトナムのゲリラ部隊といった感じだろうか。トゥイさんは、「Bộ Đội Tokyo」をクリックした。

「地域別にグループがあり、失踪者向けの仕事の情報や、偽造の在留カードの作成を請け負う会社の情報などを見ることができます」

そこでトゥイさんが見つけたのが、太陽光パネル設置の仕事だった。勤務地は富山県で、日給一万円。男性を三人から五人、募集していた。フェイスブックを通じて連絡をとると、ベトナム人ブローカーから連絡があった。偽造の在留カードを作るように指示を受けた。偽造カードの作成業者も「Bộ Đội Tokyo」で簡単に見つけることができる。在留資格「定住」の偽造在留カードの作成費用は、二万円だった。

二〇一七年九月一二日、トゥイさんは会社の誰にも何も伝えずに失踪した。父親には話したが、奥さんには伝えなかった。

待ち合わせ場所に指定された石動駅《いするぎ》（富山県小矢部市）に向かうと、派遣会社の社長だという韓国人にアパートに連れて行かれた。そこには自分と同じ、一一人のベトナム人失踪者が二つに家に分かれて住んでいた。トゥイさんが住むアパートには、トゥイさんを入れて八人の失踪者が住んでいた。部屋が二つあり、一つは太陽光パネル会社の社長の部屋で、普段は誰も使わなかった。失踪者八人は、もう一つの部屋に住んだ。

アパートに案内された後は、太陽光パネル設置現場に連れて行かれた。そこで初めて社長に会い、本当に働けると確信した。実習先の千葉から富山までの移動にかかった交通費の領収書を渡すと、すぐに清算してくれた。トゥイさんは指定されたベトナム人ブローカーのゆうちょ口座に、紹介料として二万円を振り込んだ。

†失踪してから土地を買い増した

朝八時から夕方五時まで、太陽光パネルを設置する日々が始まった。休みはなく、仕事は毎日ある。日給は一万円で、初めての給料は三〇万円だった。アパート代、光熱費はタダで、生

太陽光パネルの設置現場（失踪者が撮影）

活費は三万円程度。二七万円をたったひと月で貯金できた。まだまだ借金は残っていたが、トゥイさんは実家の土地を四〇〇万円分買い増した。地元の地価が高騰しており、お金があるだけ土地が欲しかったのだ。

富山で二か月間働いた後は、失踪仲間から紹介された埼玉県の会社に移った。そこからトゥイさんは日本全国を転々とした。いずれも、太陽光パネル設置の仕事だ。

給料の未払いが発生したのは、北海道で働いているときだった。三か月働いたが、三〇万円しかもらえなかった。そのことを社長に問うと、

「お前たちは失踪者だから、上が払えないと言っている」

その時のお金を交渉して取り戻して欲しいというのが、トゥイさんがインタビューを受けた意図だった。トゥイさんは未払いをキッカケに退社、しばらくは別の会社で働いていたが、自ら入管に出頭した。

「一回目は写真をとられ、手の指の指紋をとられました。二回目は面接でした。「不法就労をしたか」と聞かれ、はいと答えると、今度は「なんで帰る」と聞かれました。「仕事がなくなった」と答えると、オーケーという返事でした」

トゥイさんに違法に働いたあなた自身の罪はないかと尋ねると、こう答えた。

「違法だとわかっていましたが、泥棒など、悪いことをしたわけではありません」

†偽造書類は誰でも買える

トゥイさんが失踪後に仕事を見つけたフェイスブックグループ「Bộ Đội」を覗いた。「Bộ Đội」に続き、「Japan」や「Tokyo」など、地域ごとにコミュニティがあった。コミュニティ自体はメンバーのみが投稿を見ることができる「プライベートグループ」になっているが、それほど秘密裏に活動しているわけでもなさそうだ。筆者が試しに「Bộ Đội Japan」に申請すると、すぐさま承認され、拍子抜けした。

ただ、そのなかで見られる投稿の多くは、何故こんなものが放置されているのかと驚く内容ばかりだった。ベトナム人通訳者と一緒に投稿を分析したが、まず驚くのが、偽造書類売買の多さだ。在留カード、学生証、運転免許証、マイナンバーカード、健康保険証、日本語能力試験合格証明書、専門学校卒業証書と、何でも買うことができる。合わせて、銀行口座の売買も多々見受けられるが、そのどれもがゆうちょ銀行の口座だった。外国人の間では、在留期間が六か月以上の在留カードがあり、必要な書類を揃えれば簡単に口座を開設することができると利用者が多い。「写真A」のように、偽造書類と合わせて売買しているケースが多い。

仕事の紹介も「写真B」のように行われていた。写真は群馬県のイオンのレジスタッフの募集だ。ただ、このようにあからさまに募集をしているケースは稀だ。まずは仕事が欲しいと投稿し、そのコメント欄にブローカーが書き込み、その後、直接やりとりするパターンが多いようだ。通訳者のダミーアカウントで仕事が欲しいと投稿をしたところ、ベトナム人ブローカーから太陽光パネル設置の仕事の紹介を受けた。トゥイさんもそうだったが、二〇一九年時点では、太陽光パネルの設置が失踪者たちの主な仕事になっているようだ。

ただ、最も多いのは、ブローカーの告発をする投稿かもしれない。仕事を紹介してもらうためにお金を払ったが連絡がとれなくなったなど、該当者のフェイスブックページのプロフィー

A

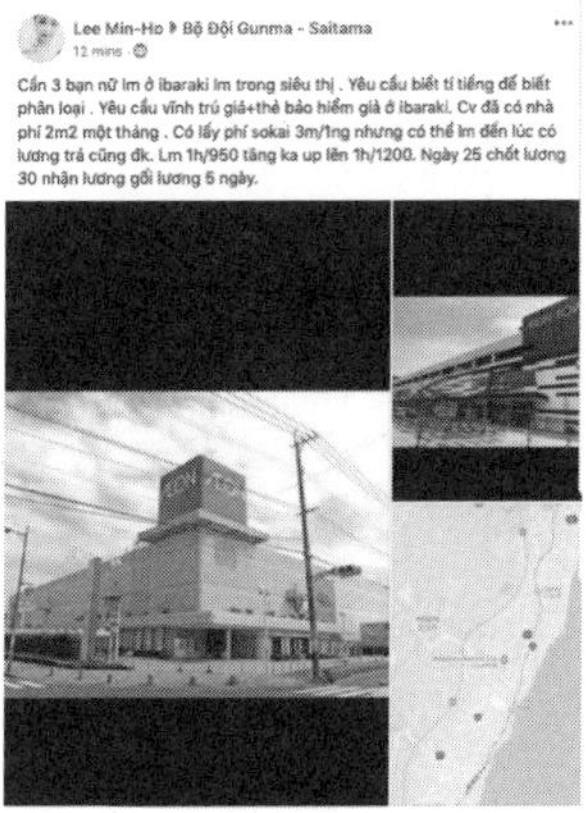

B

ル写真のスクリーンショットを被害内容とともに公開する投稿が目立つ。

†失踪者を利用する派遣会社

摘発されるケースも出てきている。二〇一九年一〇月、兵庫県警はベトナム人ブローカーのフイン・ホア・ナム被告（二六歳）を入管難民法違反容疑で逮捕・起訴した。ナム被告はフェイスブックを通じて失踪者を募集。全国の実習生や留学生ら一二四人が応募して働いていたという。応募してきた失踪者に在留カードを与え、手数料として一人八万～一六万円を受け取っていた。実習生や留学生らは兵庫県内や大阪府内の倉庫会社や建設会社などで不法就労していたという。

読売新聞の報道によれば、ナム被告は六年前に留学生として来日し、神戸市内の日本語学校に在籍。その後、在留資格の期限が切れた後も不法滞在していた。調べに対し「来日費用を払うために借金を抱えており、返済のためにやった」と供述しているという。

同報道で気になったのは、兵庫県警に対し、人材派遣会社が話した内容だ。

「ベトナム人は在留カードを持っていたので就労資格がないとわからなかった」

記事ではそう話したと書いているが、本当にわからなかったかどうかは疑問だ。失踪した実習生を採用する派遣会社の関係者は、こう話す。

「偽造カードでも在留カードの番号が生きていれば、知らんふりができる」

その関係者によれば、外国人採用の際に使用するサイトの一つに出入国在留管理庁の在留カード等番号失効情報照会のページがある。このページは、在留カード番号と期限を打ち込めば、そのカードの効力があるかを確かめることができる。

ただ、顔写真等の確認はない。偽造のカードでも、その番号が実在していれば、政府のサイトでお墨付きが出てしまうのだ。先の派遣会社の関係者は話す。

「常習だとさすがに疑われますが、最初は知らなかったで済むでしょう。長時間でも文句なく働く失踪者は、現場にとっては貴重な存在だ。偽造とわかっていても、知らないふりをするだけだ」

†受け入れ企業は書類上で認定

増え続ける失踪者に対応するため、出入国在留管理庁は二〇一九年一一月に新たな対策を発表した。失踪者を出した送り出し機関、監理団体、実習実施者の技能実習生の新規受入れ停止や、失踪技能実習生を雇用した企業名の公表などが主な内容だ。

一見、確実に規制が強化されているように見えるが、彼らを「失踪者」と呼ぶ間は本当の解決は期待できないだろう。失踪者を出した監理団体などにペナルティを出すのはいいが、失踪者の人生をどう考えているのだろうか。失踪者を出すということは、そこに、失踪せざるを得ない状況に追い込まれた実習生がいる。彼らは失踪したくて逃げているわけじゃない。彼らがどんな思いで日本に来ているのか。立場の弱い外国人の身になって考える必要がある。

一番の課題は、受け入れ企業の選定ではないか。国を挙げて国際貢献という壮大なる建前の元、期間限定の労働力として実習生を受け入れる「嘘」を重ね続けるからこそ、会社の代表者が社員を犬歩きさせるような会社が実習実施者として認められる余地を与えてしまっている。

現状、受け入れ企業の認定は、書類上で判断されている。技能実習計画認定の申請に関する提出書類一覧を見ると、受け入れ企業は登記事項証明書や役員の住民票の写し、直近二事業年度の貸借対照表の写しなどの会計書類を提出する必要がある。提出書類の一つに「技能実習を行わせる理由書」というものがあるが、外国人技能実習機構の記載例が噴飯ものだ。

そう菜製造業を例に「技能実習を行わせるに至った経緯」を「当社は、技能実習生の受入れを通じて、中国におけるそう菜製造業の中核を担う人材を育成することに貢献したいと考えている」とした上で、「技能実習の必要性」を「中国におけるそう菜製造業は、市場規模が発展しつつある段階にある。一方で、その技術の面では、衛生管理を中心に改善の余地が大きく、日本の技術を移転することに大きな意味がある」としている。

繰り返し書いているが、技能実習の実習実施機関の約六割は従業員一九人以下の零細企業だ。

他国の人材育成に貢献し、技能移転をする余力のある会社がそれだけあるとは思えない。社員を犬歩きさせる建設会社は、どのような理由書を書いたのだろうか。また、外国人技能実習機構はどのような理由で実習実施者として認定したのだろうか。嘘の上塗りの尻拭いをするのは、いつも立場の弱い実習生だ。それを「失踪者」と呼び、犯罪者扱いされてはたまらない。

†フィリピン人の失踪が少ない理由

失踪者を生み出さないためのヒントとして、本章の最後にフィリピンの話をしたい。国籍別に技能実習生の数を見ると、フィリピン人技能実習生は、ベトナム（二一万八七二七人）、中国（八万二三七〇人）に次ぐ、三万五八七四人だ。インドネシア（三万五四〇四人）、タイ（一万一三二五人）と続く（二〇一九年末時点）。

この上位五か国の中で、圧倒的に失踪者が少ないのがフィリピンだ。それぞれの国の失踪技能実習生の数（二〇二〇年一月一日時点）を単純に在留中の実習生の数で割って失踪率を求めると、ベトナムが三・九％、中国が三・二％、フィリピンが〇・四％、インドネシアが一・九％、タイが一・二％となる。フィリピンが突出して失踪者が少ないことがわかるだろう。この数の少なさには、同国の受け入れの仕組みが関係しているように思う。

本書でも説明してきた通り、技能実習生の受け入れは、外国人技能実習機構に技能実習計画認定申請書を出し、それが認められれば出入国在留管理局に在留資格認定証明書の交付申請をする流れになる。フィリピンの場合は、ここにもう一手間加わる。

フィリピンは、出稼ぎ労働者からの送金がGDPの一割を占める出稼ぎ大国だ。海外で働くフィリピン人の権利を守るため、フィリピン政府には海外雇用庁（POEA／Philippine Overseas Employment Administration）が設置されている。勤務先の会社の審査をしたり、雇用契約の内容などの確認をしたりする。その日本の出先機関が、東京、大阪にある海外労働事務所（POLO／Philippine Overseas Labor Office）だ。フィリピン人実習生を採用したい場合、POEAが認証しているフィリピンの人材派遣会社と契約した上で、まずは雇用契約書などの必要書類をPOLOに提出し、認定を受ける必要がある。初めてのフィリピン人を採用する場合には、その雇用主（技能実習の場合は監理団体の代表者）はPOLOの面接を受ける必要もある。例え北海道の事業者でも、東京・六本木にあるPOLOの事務所にまで足を運んで、面接を受けなければならないのだ。

「社長、ベトナムへ旅行ついでに、実習生の採用に来ませんか？」

そんな安易な気持ちでの採用はできない。フィリピン政府は、海外労働者からいかなる費用も徴収してはいけないと定めているため、採用する企業の負担は他国に比べて大きくなる。ベトナムのように教育費を労働者に負担させることはできず、企業の負担となる。キックバックなどもってのほかだ。

親日国家で、英語でのコミュニケーションが可能な人材も多いフィリピン人実習生だが、その数が伸びない理由をベトナム専業の監理団体幹部はこう話す。

「費用も高く、余分な手続きがあるため、時間もかかる。積極的に採用する理由はない」

逆を言えば、安易に人を欲しがる企業がフィリピンを避けた結果として、フィリピンの突出した失踪率の低さがある。問われるのは、受け入れる側の思いだ。

第四章　なぜ、特定技能外国人の受け入れが進まないのか

†人気店が人手不足で休業

鎌倉から江ノ島電鉄に乗り「七里ヶ浜駅」で降りる。駅前は湘南の海だ。海岸線に並行し、一三四号線が走る。江の島を右手に眺めるビーチには、真冬でもサーファーの姿が絶えない。東京オリンピック・パラリンピックでは、セーリング競技の会場になるという。夕暮れ時にはカップルが肩を寄せ合うデートスポットだ。

そんな贅沢な海を一望できる鎌倉の人気カレー店「珊瑚礁」（鎌倉市七里ガ浜）で、インドネシア・バリ島出身のカデ・メディ・スリアンタリさん（二一歳）は働いている。二〇一九年一一月に入社したばかりで、今はサラダ作りなどを任されている。

インドネシア人のメディさん

モアナマカイ店の山田将之店長はこう話した。

「体感的には間近の五年間で、同じ求人広告を出しても、日本人に限ってしまうと、アルバイト求人なら三〇件の問い合わせがあったものが五件に、正社員求人なら一〇件あったものが二件にまで減っています。営業を続けるには、もう外国人の労働力に頼らざるを得ません」

「珊瑚礁」は国道一三四号線沿いのモアナマカイ店のほか、海を見下ろす丘の上に本店、そして、本店横にアジア料理の別ブランド「ＷＡＨＩＮＥ」を展開する。

しかし、人手不足からＷＡＨＩＮＥは現在、休業中だ。山田店長は、外国人採用をいち早く始めた地元の建設会社にアドバイスを求めたこともある。

ただ、建設会社で働く外国人は実習生だった。外食業界には実習生の受け入れが認められていない。どうすれば外国人を採用できるのか――。

メディさんの在留資格は、二〇一九年四月に新設された「特定技能」だ。

†特定技能とは何か

国際貢献という建前で裏口から労働者を受け入れる技能実習とは違い、特定技能は正面から労働者を迎え入れる、外国人の単純労働を初めて認める在留資格だ。日本政府は一四業種を対象に、改正入管法が施行された二〇一九年四月からの五年間で、最大約三四万五〇〇〇人の受け入れを見込んでいる。外食業など、これまで技能実習では認められていなかった業種も新しく加わっている。

特定技能とは何か。政府の見解を借りるとこうなる。

「特定技能の在留資格に係る制度の意義は、中小・小規模事業者をはじめとした深刻化する人手不足に対応するため、生産性向上や国内人材の確保のための取組を行ってもなお人材を確保することが困難な状況にある産業上の分野において、一定の専門性・技能を有し即戦力となる外国人を受け入れていく仕組みを構築することである」（二〇一八年一二月二五日閣議決定）

受入れは当面、九か国（ベトナム、フィリピン、カンボジア、中国、インドネシア、タイ、ミャンマー、ネパール、モンゴル）からとなった。

特定技能の外国人の主な要件は、日本語と技能レベルを測る二つのテストに合格することだ。日本語能力の基準は「ある程度日常会話ができ、生活に支障がない程度を基本とし、業務上必要な日本語能力」（政府）を求めている。その能力は、就労のために来日する外国人が遭遇する生活場面でのコミュニケーションに必要な日本語能力を測定する「国際交流基金日本語基礎テスト」（国際交流基金）に合格するか、「日本語能力試験（JLPT）」（国際交流基金と財団法人日本国際教育支援協会が運営）のN4に合格することで認められる。N4は下位から二番目のレベルで、日本語能力試験のホームページによれば「基本的な日本語を理解することができる」レベルだ。先述の通り、N4は技能実習においても、企業が入国時に期待する日本語レベルではあるが、実際はN4レベルで入国する実習生は少ない。一日一〇時間もの勉強をする送り出し機関の訓練センターで勉強をしても、N4レベルに達するには半年程度はかかる。

次に、技能レベル。前職要件として日本で従事する業務と同種の業務を母国で従事していた経験などを求める技能実習制度とは違い、特定技能制度では職歴は問われない。その代わりに「相当程度の知識又は経験を必要とする技能」（政府）を測る試験が実施される。試験は業種ごとに所管官庁、業界団体が作成する。実技試験が含まれる業種もあれば、ペーパーテストだけの業種もある。

特筆すべき点は、実習生から特定技能に移行する場合、この日本語と技能試験が免除されることだ。実習先から実習計画を良好に修了したという評価を得られれば、技能実習を終えた後、無試験で特定技能に在留資格変更することができるのだ。学んだ知識や技能を母国に戻って生かす必要はなく、日本の人手不足に貢献できるということだ。この辺りからも、国際貢献を謳う技能実習制度の欺瞞が見え隠れする。

5年間で34万5000人を受け入れる

業種	有効求人倍率（2017年度）	5年間の外国人受入れ数	技能実習からの移行予測
介護業	3.64倍	6万人	0%
外食業	4.32倍	5.3万人	0%
建設業	4.13倍	4万人	90-97%
ビルクリーニング業	2.95倍	3.7万人	11-14%
農業	1.94倍	3.65万人	90-100%
飲食料品製造業	2.78倍	3.4万人	74-77%
宿泊業	6.15倍	2.2万人	32-35%
素形材産業	2.83倍	2.15万人	100%
造船・舶用工業	4.3倍（塗装工）	1.3万人	85-88%
漁業	2.52倍（漁船員）	0.9万人	43-56%
自動車整備業	3.73倍	0.7万人	43-50%
産業機械製造業	2.89倍	0.525万人	100%
電気・電子情報関連産業	2.75倍	0.47万人	100%
航空業	4.17倍	0.22万人	5-6%

最大約三四万五〇〇〇人を受け入れる特定技能外国人のうち、政府はその約四五%は実習生からの移行を想定している。建設や農業などでは、特定技能外国人の九割以上を実習生からの移行と想定している。

†日本は世界四位の移民社会

在留資格「特定技能」には、「特定技能1号」と「特定技能2号」がある。技能実習制度とは違い、いずれも同業種のなかでの転職が認められている。

特定技能1号と特定技能2号の違いは何なのか。その最も大きな違いが、家族の帯同が許されるか否かだ。特定技能1号は滞在期間が最長五年で、日本での滞在は単身に限られる。一方の特定技能2号は、期間に制限はなく、家族の帯同も認められる。

ただ、一四業種に門戸を開く特定技能1号とは違い、特定技能2号は二〇二〇年三月時点で建設業、造船・舶用工業の二業種に限られる。日本では引き続き一〇年以上滞在していることが永住許可の要件の一つになっており、長期の在留に慎重になっているためだろう。最大五年の技能実習から最大五年の特定技能1号への移行や、特定技能1号から特定技能2号へ移行した場合、永住権申請の要件を満たすことになる。

日本政府は一貫として「移民政策」を認めていない。

特定技能を創設するための改正入管法の議論のなかで、蓮舫参院議員が声を荒げた。

「(特定技能は)移民政策への入口じゃないですか。総理、違うんですか」(二〇一八年一一月五日の参議院予算委員会)

それに対し、安倍晋三首相ははっきり「移民政策ではない」と答えている。蓮舫参院議員の質疑に対し、安倍首相はこう説明しているのだ。

「(特定技能2号は)特定技能1号が適用される業種からこれはかなり絞られる見込みであります。さらに、1号に該当する業種が2号に存する場合であっても、その資格を取得するためには、業所管省庁が定める一定の資格に合格する必要があります。特定技能1号での在留を続けることによって自動的に認められるものではないということは申し上げておきたいと思いますし、これ、ハードルはかなり高いものになります」
「そしてさらに、我が国での永住が認められるためには、素行善良であること、独立の生計を営むに足る資産又は技能を有すること、そして引き続き一〇年以上我が国に在留していることなどの厳しい条件が課されている。特定技能の在留資格を得さえすれば我が国での永住が認められるというものではありませんし、そして、私たちが申し上げているいわゆる移民政策ではないというのは御理解いただけるのではないかと思います」（いずれも二〇一八年一一月五日の参議院予算委員会で）

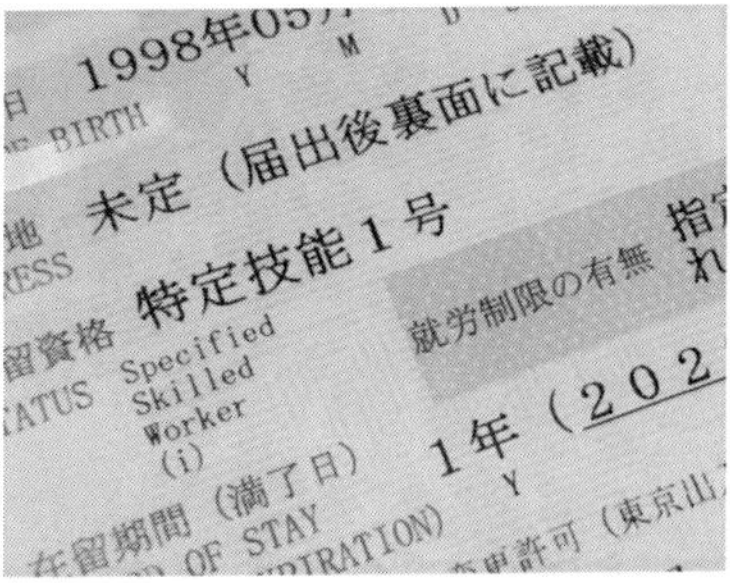

在留資格カードには「特定技能１号」

もっとも、特定技能の新設により、法務省は永住許可のガイドラインを見直している。永住許可に関するガイドラインに、このような項目が入った。
「原則として引き続き一〇年以上本邦に在留していること。ただし、この期間のうち、就労資格（在留資格「技能実習」及び「特定技能1号」を除く。）又は居住資格をもって引き続き五年以上在留していることを要する」（令和元年五月三一日改定）
技能実習、特定技能からの永住権の取得は実質不可能だ。
しかし、外国人の在留を制限し、移民政策を頑なに認めない政府だが、日本がすでに移民国家であるのは隠しようもない事実だ。移民に関する定義は国や国際機関により異なるが、国連は「一年以上外国に居住する人」と定め、経済協力開発機構（OECD）は「上限の定めなく更新可能な在留資格を持つ人」としている。OECDは加盟三五か国の外国人移住者統計を公表しているが、日本の移住者は約四三万人（二〇一六年）。日本の移住者は「有効なビザを保有し、九〇日以上在留予定の外国人」を計上しているという。四三万人という数は、ドイツ、アメリカ、イギリスに次ぐ世界第四位だ。

†特定技能外国人の待遇

話が脱線したが、鎌倉の人気カレー店「珊瑚礁」に話を戻す。

特定技能外国人として入社したインドネシア人のメディさん。世界中から観光客が集まるバリ島に生まれ育つ中で、「礼儀正しい日本人が好きだった」と話す。

メディさんは二〇一七年一〇月に東京都内の日本語学校に入学。日本語学校在学中に日本語検定N4を取得し、卒業後の二〇一九年六月に外食業の技能評価試験を受けた。外食業の技能評価試験に実技はなく、テストは三択だ。衛生管理、飲食物調理、接客全般の三分野から出題され、合格基準は六五％だ。業界団体の日本フードサービス協会が、学習テキストを五か国（日本語、英語、ベトナム語、クメール語、ミャンマー語）で公開している。メディさんはこう振り返る。

「日本語学校時代にマクドナルドでアルバイトをしていた経験もあり、技能試験は直前の一週間、集中して勉強すれば合格できました」

メディさんは試験合格後に外国人向け飲食店求人サイト「Food Job Japan」で「珊瑚礁」の求人を見つけ、自ら応募したという。

海沿いに店を構える珊瑚礁

メディさんの給与は二〇万五〇〇〇円だ。入社六か月後には二一万五〇〇〇円、そのまた六か月後には二二万五〇〇〇円、その後は一年に一回、昇給するという。同社の日本人社員は二三万円スタートだが、「季節や客入りの状況などから、仕入れなどの判断が難しい」などの理由が認められ、日本人社員とは差がついている。住居は会社が準備したワンルームアパートに住み、二万円を控除しているが、社会保険を引いても手取りは一五万円以上あるという。


特定技能外国人の待遇はどのように定められているのか。

まずは賃金だが、労働法令に適していることはもちろん、日本人と同等額以上であることが求められている。外国人であることを理由に、報酬額を低く設定したり、教育訓練を行わなかったりすることはできない。技能実習計画で認定を求める際に「技能実習生の報酬に関する説明書」を提出したように、特定技能でもその在留資格申請時に「特定技能外国人の報酬に関する説明書」を提出する必要がある。同等の作業をする日本人の状況などを説明しながら、特定技能外国人の報酬が適切と考える理由を説明しなければならない。

具体的な報酬額は技能実習生の賃金も「日本人が従事する場合の報酬の額と同等以上」(技能実習法第九条九項)と定められていたが、特定技能外国人の賃金の水準は少し複雑だ。技能実習を良好に修了した者は試験が免除され、特定技能に移行できると説明したが、つまり特定技能外国人は従事する業務について三年程度の経験者として扱う必要があるのだ。そのため、元技能実習生を受け入れる場合は、

「技能実習2号修了時の報酬額を上回ることはもとより、実際に三年程度又は五年程度の経験を積んだ日本人の技能者に支払っている報酬額とも比較し、適切に設定する必要があります」

(法務省「特定技能外国人受入れに関する運用要領」より)

次に住居だが、実習生の場合は「床の間・押入を除き、一人当たり四・五平米以上を確保すること」などが求められていたが、特定技能外国人の場合は「居室の広さは、一人当たり七・五平米以上を満たすこと」となっている。居室とは建築基準法の定義に照らせば「居住、執務、

作業、集会、娯楽その他これらに類する目的のために継続的に使用する室」（二条四号）であり、玄関や浴室などのスペースを除いた部分だ。広さだけ見れば、一人当たり三畳から四畳半にランクアップしていると言えるだろう。

†登録支援機関とは何か

珊瑚礁にはインドネシア人のメディさんのほかに、ベトナム人留学生のチャン・ゴック・ホアンさん（二六歳）も二〇二〇年四月に入社するという。ホアンさんは取材時（二〇一九年一二月）、福岡県内の日本語学校に通う留学生。筆者の取材にインターネット電話スカイプで応じてくれた。

ホアンさんはベトナム南部のブンタウ省の出身。ベトナム国内で大学を卒業したが、将来を考え、日本に行くことを決めた。二〇一八年四月に福岡県内の日本語学校に入学し、二〇一九年九月に沖縄で実施された外食業の技能評価試験を受けた。

「一週間くらいしか試験対策の勉強をしていないので、試験は難しかったです。将来、自分の店をベトナムにオープンさせたい。日本の鍋料理が好きです」

技能評価試験に合格後、知人に紹介された職業紹介会社を通じ、珊瑚礁を紹介された。福岡県内からスカイプで面接を受けた。

スカイプでの取材に応じたホアンさん

「面接のときに社長が店の前に広がるビーチもビデオ通話で見せてくれたんです。海の近くで働きたいと思いました」

ホアンさんを同店に紹介したのは、人材紹介会社で「登録支援機関」のＹＤＮホールディングス（東京都港区）だ。登録支援機関とは、特定技能の新設に合わせて設置された特定技能外国人の支援機関だ。この登録支援機関については、少し説明が必要だろう。

特定技能と技能実習の大きな違いの一つが、特定技能外国人が直接、日本企業と労働契約を結べる点だろう。技能実習における送り出し機関や監理団体といった仲介機関は必要とされない。

ただ、特定技能外国人を受け入れる企業は「１号特定技能外国人支援計画」（以下、支援計画）を入管当局に提出した上で、特定技能外国人に支援計画を実施する必要がある。支援計画とは、次の九つだ。ジツコのホームページから抜粋する。

①外国人に対する入国前の生活ガイダンスの提供（外国人が理解することができる言語により行う。④、⑥及び⑦において同じ。）
②入国時の空港等への出迎え及び帰国時の空港等への見送り
③保証人となることその他の外国人の住宅の確保に向けた支援の実施
④外国人に対する在留中の生活オリエンテーションの実施（預貯金口座の開設及び携帯電話の利用に関する契約に係る支援を含む。）
⑤生活のための日本語習得の支援
⑥外国人からの相談・苦情への対応
⑦外国人が履行しなければならない各種行政手続についての情報提供及び支援
⑧外国人と日本人との交流の促進に係る支援
⑨外国人が、その責めに帰すべき事由によらないで特定技能雇用契約を解除される場合において、他の本邦の公私の機関との特定技能雇用契約に基づいて「特定技能1号」の在留資格に基づく活動を行うことができるようにするための支援

技能実習において監理団体が担っていた役割が、受け入れ企業に求められている。この支援計画を実施するためには、外国人労働者の受け入れ実績も問われる。具体的には、過去二年間

の間に収入を得ることができる在留資格で滞在する中長期在留者を受け入れたり、生活相談業務に従事したりした実績が、受け入れ企業には求められる。その役員、または職員のなかから支援責任者、支援担当者を選任し、入管当局に届け出る必要がある。

受け入れ企業の役割は多岐にわたる。三か月に一回以上の頻度で、特定技能外国人および、彼らを監督する立場にある者と定期的な面談を実施し、面談の内容や対応結果を入管に届け出る必要もある。これらはテレビ電話等ではなく、必ず対面で実施しなければならない（特定技能基準省令第三条一ヌ）。

企業に外国人労働者の受け入れ実績が求められ、支援内容も多岐にわたることから、特定技能制度と同時に創設されたのが登録支援機関だ。受け入れ企業は支援計画の一部、または全部を登録支援機関に委託することができる。監理団体のように許可制ではないが、登録支援機関は事前に必要書類を提出した上で、法務省への登録が必要だ。

実習生を扱う監理団体は許可制で、非営利企業に限られたが、登録支援機関は営利企業の参入も許される。二〇二〇年三月二六日現在、四〇七二件の登録がある。二〇二〇年二月二一日現在、監理団体数は二九一二（特定監理事業一四八五、一般監理事業者一四二七）で、すでに監理団体数より多くなっている。

†支援費とは別に紹介料

受け入れ企業が登録支援機関に特定技能外国人のサポートを外部委託した場合、その支援費を登録支援機関に支払う必要がある。技能実習制度においては受け入れ企業が監理団体に監理費を支払っていたが、それに該当するものだ。二〇二〇年一月現在ではまだまだ特定技能外国人の受け入れ実績が少ないものの、「支援費」や「管理費」といった名称で、月額一万〜三万円と設定している登録支援機関が多いようだ。技能実習における監理費より、相場は安くなっている。

もっとも、監理団体が徴収する監理費には紹介料が含まれていたが、登録支援機関の場合は支援費とは別に紹介料を徴収している場合が多い。営利企業の参入が認められているため、有料職業紹介事業者が登録支援機関になっているケースも多い。日本人の場合は年収の三〇％程度に設定されることの多い紹介料だが、特定技能外国人の場合は一〇万〜三〇万円に設定する企業が多いようだ。ただし、制度はまだ始まったばかりで、料金設定は各社まだまだ様子見といったところだ。

そんななか、特定技能創設の旗振り役でもあった日本商工会議所が、二〇二〇年二月に解説パンフレット「外国人材活躍解説ＢＯＯＫ」を発行。そのなかで、特定技能外国人を雇用する場合の費用イメージを掲載している。それによると、人材紹介会社から紹介を受けた場合の紹介料は一人当たり三〇万～六〇万円、登録支援機関に生活支援を委託する場合の費用は一人当たり月額二万～五万円としている。この辺りが、水準になってくるのだろうか。

珊瑚礁は月額一万五〇〇〇円の支援費を払い、ＹＤＮホールディングスに特定技能外国人のサポートを委託している。特定技能外国人の給料は日本人同等であり、外国人のほうが余計なコストがかかることになる。

しかし、山田店長はこう話していた。

「あと四、五人の特定技能外国人を入れて、まずは休業中の店舗を再オープンしたい」

技能実習制度では会社規模により受け入れ人数枠があるが、特定技能の場合はない（介護分野、建設分野を除く）。小さな規模の会社でも、多くの外国人を採用することができる。新しい在留資格「特定技能」は、こうして人手不足の解消につながっているのか。残念ながら、答えはＮＯだ。

†受け入れは想定の二%

在留資格特定技能の新設から半年が経過しても、特定技能外国人の受け入れはまったくと言っていいほど、進んでいなかった。二〇一九年一〇月二九日時点で、交付者数は七三二人。初年度だけで最大四万七五五〇人を受け入れる計画だったが、実際の受け入れは想定の二%に過ぎなかった。五年で三四万五〇〇〇人を受け入れると大風呂敷を広げていただけに、現場では混乱も起こっていた。

求人誌に広告を出しても、切羽詰まった若者から「日払いでお金がもらえますか」と電話があっただけ。ハローワークに求人票を出しても、応募者は五〇代以上の未経験者ばかり。二〇一九年二月、関東の建設会社社長(四〇代)は、知人を介して出会った人材紹介会社の提案に二つ返事で飛びついた。

「すぐに申請を出せば、五月には人材を送れます」

特定技能で、元技能実習生のカンボジア人二名と、ベトナム人一名を送り込めるという提案だった。建設会社社長は三人分の採用コンサルティング料として一八〇万円を支払った。

しかし、待てど暮らせど人材はやってこない。

「国の制度が不十分で、まだまだ時間がかかります」

人材紹介会社の担当者はそう言い訳するばかり。八月に「技能実習生をとりますか?」と代案を示されたところで建設会社社長の不信感は頂点に達し、キャンセルと返金を申し出た。今現在も人材紹介会社とやりとりをする担当者はこう話した。

「国の制度の問題で時間はかかっているが、採用しないわけではないと、四割の返金しか認め

特定技能新設から半年後の状況

業種名	受入れ見込み数		交付者数
	初年度（2019年度）	今後5年（19〜23年度）	
介護業	5000	5万〜6万	20
外食業	4000〜5000	4万1000〜5万3000	40
建設業	5000〜6000	3万〜4万	23
ビルクリーニング業	2000〜7000	2万8000〜3万7000	6
農業	3600〜7300	1万8000〜3万6500	143
飲食料品製造業	5200〜6800	2万6000〜3万4000	247
宿泊業	950〜1050	2万〜2万2000	11
素形材産業	3400〜4300	1万7000〜2万1500	88
造船・舶用工業	1300〜1700	1万〜1万3000	15
漁業	600〜800	7000〜9000	4
自動車整備業	300〜800	6000〜7000	1
産業機械製造業	850〜1050	4250〜5250	121
電気・電子情報関連産業	500〜650	3750〜4700	13
航空業	100	1700〜2200	0
合計	3万2800〜4万7550	26万2700〜34万5150	732

14業種の政府の試算。申請者数、交付者数は出入国管理庁より（10月29日時点）

ません」

　こうしたトラブルは氷山の一角に過ぎない。これまで外国人を扱ってこなかった人材ビジネス業者が参入してきたことで、混乱も大きくなっていた。

　ただ、人材ビジネス業者も、ここまで受け入れが進まないとは想定していなかっただろう。「特定技能」と名のつくセミナーは制度開始後どこもいっぱいだったが、受け入れが進んでいないのだから、共有される情報も、新しい情報も乏しかった。筆者が取材したあるセミナーで、主催者の男性が話していた言葉が印象に残っている。

「確かに有意義な情報はなかったかもしれませんが、皆さん一様に「まだ受け入れはほとんど始まっていないんだ」と安心して帰られます」

†受入れ国は九か国

なぜ、特定技能外国人の受け入れが進まないのか。

本稿は二〇二〇年二月に執筆しているが、おそらく、本書が発売される二〇二〇年五月になっても、たいして受け入れは進んでいないだろう。これも、国の将来を左右する重要法案でありながら、衆院一七時間一五分。参院二〇時間四五分――拙速審議で強行採決した結果だ。

当時この問題を週刊朝日で取材していた筆者に、自民党関係者はこう話した。

「参院選を睨み、人手不足に悩む業界に恩を売るため、日程ありきで決めた法案。新制度を作ったからと言って、諸外国が「はい分かりました」とすぐに受け入れてくれるわけではない」

政府は当面、特定技能での受け入れを九か国（ベトナム、フィリピン、カンボジア、中国、インドネシア、タイ、ミャンマー、ネパール、モンゴル）からとしているが、受入れ国の法令、手続きが定まっているのは二〇一九年一一月時点で、カンボジア、インドネシア、ネパールの三か国だけだった。

特定技能外国人は日本語と業種別の技能評価試験に合格する必要があるが、二〇一九年一〇月までに日本語試験は四か国、技能試験は六か国で開催されたに過ぎず、開催回数も少ない。

フィリピン・セブ島の日本語学校

技能試験が実施されていない業種も多く、日本企業は人を受け入れたくても、受け入れることができない状況だ。

いち早く政府間で特定技能の協力覚書を締結したフィリピンでも、混乱が起きている。介護業界は四月から毎月フィリピンで試験を実施。筆者が取材した二〇一九年一〇月時点ですでに五〇〇名以上の合格者が出ているが、フィリピン国内のガイドラインが示されないために手続きができず、足止めを食らっている。そのため、

「介護事業者が合格者に入社祝い金などを払い、奪い合う動きがある一方、手続きが進まないからと日本を諦め、中東など他国へ働きに出る人も現れています」（フィリピンの送り出し機関の日本担当者）

なお、フィリピンでは二〇一九年一二月にようやくガイドラインが示され、特定技能試験合格者の手続きが始まった。在留資格申請などの手続きを経て、入国は二〇二〇年四月以降になる見込みだ。

†ベトナムは特定技能に関心なし

海外からの受け入れ体制が整わないなか、その最大の誤算はベトナムだろう。実習生の最大の供給国であるベトナムに対し、特定技能でも大きな期待がかかっていた。

なぜ試験が始まらないのか。二〇一九年一〇月にちょうど日本に出張に来ていたベトナム送り出し機関の社長にこの問いをぶつけると、鼻で笑ってこう答えた。

「儲からないからですよ」

そして、こう続けた。

「日本政府は送り出し機関を通さない形での受け入れを目指しましたが、それではベトナムの送り出し機関に利益はありません。日本に限らず、ヨーロッパ諸国からもベトナム人材が求められるなか、送り出し国として譲歩はできません」

技能実習では、人材の派遣にベトナム政府機関の推薦状が必要になる。送り出し機関は、納税はもちろん、ときにはわいろなどを払って政府機関と蜜月関係を保っている。送り出し機関が乗り気でない以上、ベトナム政府の腰も重い。

もっとも、「労働力輸出」を政策に掲げるベトナム政府にとって、人材の派遣は「国のビジネス」であり、日本企業が直接「国の商品」である労働者を雇用するなど、認められるものではない。ベトナムでは二〇一九年一〇月に特定技能における手続きの一部が公表されたが、実習生同様、送り出し機関を通して派遣する形になっている。

　本書校了直前の二〇二〇年三月二七日になって、ベトナム政府は手数料の詳細を含めた特定技能のガイドラインをようやく発表した。それによると、送り出し機関が特定技能人材の派遣で徴収できる手数料は、日本企業から、採用された特定技能人材の一か月分以上の賃金と教育費。そして、ベトナム人からは、最大三か月の賃金から日本企業が負担する一か月分以上の賃金を差し引いた金額となっている。

　仮に採用された特定技能人材の給与を月収二五万円とすると、日本企業の負担は最低二五万円と教育費だ。一方、ベトナム人の負担は最大五〇万円（二五万円×三か月から日本企業が負担する一か月分を引いた額）となる。技能実習に比べると、ベトナム人の負担は軽くなりそうだ。

　送り出し機関はどうか。彼らが徴収する派遣手数料の総額は、最大七五万円と教育費になる。送り出し機関は先述の通り、実習生から送り出しにかかる費用として平均七〇〇〇〜八〇〇〇ドル（約七五万〜九〇万円）を徴収している。一人当たりの派遣料としては、だいたい同じ程度になるのでないか。

　ただ、先の幹部は、特定技能での派遣が可能となっても、積極的に特定技能を扱う会社は少ないだろうと話す。実習生ではなく、特定技能外国人として日本に行きたいと考える若者が少ないと考えるからだ。先の社長はこう説明した。

「ベトナムの若者にとって重要なのは、すぐに稼げるかどうか。特定技能には技能試験があり、日本語はN4レベルが求められる。一から勉強すれば、最低半年はかかる。無試験で日本に行ける技能実習という道がある以上、わざわざ、難しい道を選ぶ人はいないでしょう」

送り出し機関としても、いいビジネスとは言えないという。

「入ってくるお金が同じなら、簡単に送り出せるほうがいい。また、派遣手数料の総額は変わらないかもしれないが、実習生の派遣では月額五〇〇〇円程度の送り出し監理費の収入があるため、特定技能に変えると一人当たり約一六万円の減収になります」（同前）

†ポスト・ベトナムの動きが顕在化

本書校了時（二〇二〇年三月）になっても、ベトナムで技能試験が実施される予定はない。特定技能でもその人材供給国として期待が大きかっただけに、業界関係者の失望は大きい。外食業の業界団体「日本フードサービス協会」は、そのホームページ上で技能試験のテキストを公開しているが、いち早く公開したのはベトナム語版だった。年を超えても試験が始まるメドも立たず、「ポスト・ベトナム」を探す動きが加速している。ベトナムに変わる国が特定技能の主役になる可能性もある。

ビザ申請支援サービスを提供する「one visa（ワンビザ）」（東京）は二〇一八年九月、カンボジアの首都プノンペンに教育施設「one visa Education Center」を設立。二〇一九年四月には同プノンペンに寮併設型の新校舎も開校した。両校では、特定技能人材に求められるレベルの日本語教育を無料で提供しているという。同校で学び、特定技能外国人の要件を満たした人材を企業に紹介し、その紹介料（年収の三割）を得ることで、無料の日本語教育を実現したのだ。なぜ、カンボジアなのか。岡村アルベルト社長（二八歳）は話す。

ワンビザの岡村アルベルト社長

「ベトナムはもちろん、ミャンマーやタイなども視野に入れ、送り出し国のパートナーを探しました。どの国も程度の差はあれ、日本企業と労働者の間に送り出し機関やブローカーが入り乱れ、若者に多額の借金を背負わせることも黙認するシステムが一部で成立していました。一方のカンボジアも日本企業が直接労働者を採用することはできず、送り出し機関を通す形になりますが、まだ送り出し数も少なく、未成熟な状態でした。ここでなら、成功モデルを作ることができるのではないかと考えました」

岡村社長の言う「成功」とは、中間搾取を可能な限り排除し、労働者の負担を減らすことだ。技能実習制度のように外国人が搾取されてはならない——これが、岡村社長の強い思いだ。

主な国の在留資格「留学」交付率（東京出入国在留管理局）

国籍	比較	4月入学生		
		申請数	交付数	交付率
中国	2018年	3911	3691	94.4%
	2019年	4346	4221	97.1%
ベトナム	2018年	4219	3639	86.3%
	2019年	4067	3031	74.5%
ネパール	2018年	2050	980	47.8%
	2019年	729	17	2.3%
ミャンマー	2018年	502	420	83.7%
	2019年	585	25	4.3%
バングラデシュ	2018年	407	280	68.8%
	2019年	371	3	0.8%
インドネシア	2018年	171	162	94.7%
	2019年	82	23	28.0%
スリランカ	2018年	1011	570	56.4%
	2019年	319	1	0.3%

JaLSA調べ。会員359校中153校のデータを集計

技能実習生の送り出しの舞台が中国からベトナムに移った際、そのプレイヤーは変わらず、過剰接待やブローカーシステムも引き継がれていった。ワンビザは、入国管理局に提出する書類作成をサポートするビザの申請支援サービスを主力とするIT企業だ。ワンビザのような新たなプレイヤーが入ることで、これまでの悪習も排除していくことができるかもしれない。

今後は自社が運営するカンボジアの学校を巣立った特定技能外国人の紹介にも注力する。セブン銀行などと提携し、入国後の生活支援サービスにも乗り出す。そのメインターゲットは、外食業・宿泊業だという。

「技能実習制度での受け入れがなかった外食業で、まずは成功モデルを作りたい」

すでにカンボジアで実施された外食の技能評価試験では、同校の四五名の学生が合格。すでに企業との面接が進んでおり、早ければ二〇二〇年夏頃に来日する予定だという。

†外食業では人手不足が加速

特定技能の対象一四業種のうち、技能実習制度での受け入れがない外食業界では、危機感が強い。外食業は一四業種の中で二番目に多い最大五万三〇〇〇人の受け入れを見込んでいる。しかし、初年度の受け入れ想定四〇〇〇人から五〇〇〇人に対し、制度開始から八か月が経過した一一月末時点での受け入れは七一人だ。

人が入らないだけではない。外食業界を支える留学生が姿を消している。ファストフード店や居酒屋などで外国人を見ることが増えたが、彼らは実習生ではなく、その大半が在留資格「留学」で滞在する留学生だ。留学生は資格外活動許可申請を出すことで、週二八時間のアルバイトが認められるのだ。

そんな彼らが、特定技能の新設と同時にいなくなっている。日本語学校の業界団体「全国日本語学校連合会」（通称ＪａＬＳＡ）の荒木幹光理事長はこう話す。

「入管法の議論が始まった二〇一八年秋から、留学ビザの交付が厳しくなっています。東京を中心にアルバイト目的で留学する学生が問題になっており、そうした学生は特定技能で来てくださいということでしょう」

その言葉通り、時給が高く、出稼ぎ留学生に人気のある東京を中心としたエリアの在留資格審査をする東京出入国在留管理局（東京入管）では、特定技能を新設した改正入管法の議論の前後で、「留学」希望者に対する審査結果が激変している。日本語学校への四月入学生のビザ交付率を二〇一八年と一九年で比較すると、ミャンマー人は八三・七％から四・三％、ネパール人は四七・八％から二・三％、バングラデシュ人は六八・八％から〇・八％（すべて東京入管分）など、一部の国の留学生への交付率は激変した。

「交付率が下がっていないのは中国人だけですが、彼らは日本の有名大学への進学が目的で、学校の後も学習塾などに通っています。富裕層が多く、アルバイトをする必要がありません。一方、交付率が落ちた国にはアルバイトをする学生が多く、彼らを頼っていた業界には、大きな影響があるでしょう」（荒木理事長）

†資格外活動で働く外国人

近年、技能実習生同様に単純労働の担い手として存在感を見せたのが、資格外活動で働く留学生だった。日本の外国人労働者数は一六五万八八〇四人（二〇一九年一〇月末現在）だが、在留資格別に見ると、永住者や日本人の配偶者など「身分に基づく在留資格」で働く外国人労働

クリーニング店の仕分けを担当するインドネシア人留学生

者が五三万一七八一人と最も多い。それに次ぐのが、技能実習生の三八万三九七八人、そして、資格外活動（留学）で働く外国人も三一万八二七八人いる。

日本への留学生と言えば、中国や台湾、韓国などの学生が主流だった。それが、二〇一四年頃からベトナムやネパールなどのアジアの留学生が急増する。ベトナム人留学生の数は二〇一三年の二万一二三一人から、二〇一九年六月末時点で八万二二六六人に。同期間でネパール人留学生は八八九二人から、二万八二六八人にまで増えている。日本国内の日本語学校の数も二〇一三年の四六七校から二〇一七年の六四三校まで増えた。

何も、日本で学びたいというアジアの若者が増えたわけではない。ベトナムの日本語学校経営者はこう説明する。

「二〇一五年頃までは、日本に行けば月三〇万、四〇万円稼げるなどと嘘の情報で煽って、借金をさせてでも留学生を日本に送るブローカーが多かった。日本の日本語学校から一人当たり約一〇万円のコミッション（紹介料）をもらえるからね。留学生の目的は仕事、勉強することじゃない」

実際は週二八時間しか働けず、稼げる金額は月に一〇万円ほど。だから、学校にはろくに参加もせず、二八時間の枠を破って働く「出稼ぎ留学生」が問題になった。留学の在留資格申請には、日本滞在中の生活や授業料の支払いの能力を証明するため、銀行の残高や親の収入を証明する書類が必要だ。あくまで「留学」で、働くことは前提としていない。

ただ、ここでも実習生同様、偽装書類が出回っていた。先のベトナムの日本語学校経営者はこう説明する。

「親の職業は農民だけど銀行員と書く。銀行員にわいろを渡し、入管からの電話に対応するよう伝えておく。そうしたことがまだまだまかり通る。書類も、いくらでも偽造できる」

こうして入国してきた出稼ぎ留学生が、実習生同様に日本の底辺労働を支えたのは事実だ。二〇一八年にライターの芹澤健介氏が書いた『コンビニ外国人』(新潮社)が話題になったが、ある程度の日本語力が求められるコンビニ外国人は上級者だ。外国人労働者はむしろ、我々の見えないところで働いている。

出稼ぎ留学生が増えた当時、日本語学校に必ず掲示されていたアルバイト情報が、運送会社の仕分けのバイトだ。郵便番号で荷物を振り分ける運送行程の最初の現場で、まったく日本語ができなくても問題はない。ほかにも日本語力を問われないコンビニの弁当工場や、ホテルのベッドメイキングなども、出稼ぎ留学生の定番の仕事の一つだ。

まずはそうした仕事からはじめ、日本語が上達するうちに、飲食店やコンビニのバイトに移行する。日本人との会話のやり取りのある仕事は、彼らの憧れだ。

†国民年金未納で在留資格変更が不可

飲食業を支えた留学生たちが姿を消したことで、外食業では他業種に先行して、国内、国外ともに技能評価試験が実施された。ただ、二〇一九年一一月時点で国内では一五四六人が合格しているが、実際に在留資格を変更した特定技能の取得者は三七人に過ぎない。彼らの大半は留学生で、日本語要件はクリアしているはずだ。

なぜ、特定技能に移行する者が少ないのか。外食業の業界団体「日本フードサービス協会」の石井滋常務理事は筆者の取材にこう答えた。

「在留資格申請の審査が遅れ、現時点での取得者が少ない状況になっています。その大きな理由として、国民年金の未納があります」

日本の社会保障制度は、国籍に関係なく、日本同等に適用されるため、外国人留学生にも国民年金の支払い義務がある。石井さんによれば、内定を出した企業が入社祝い金を出し、未納分を払わせるなどの対応がとられているという。

先述の通り、留学生のアルバイトは週二八時間に限られ、月収にすれば一〇万円強だ。そのなかから一万六四一〇円の国民年金基本保険料を支払うのは、困難だろう。彼らの多くは仕送りを期待できず、ぎりぎりの生活をしているのだ。東京都内の日本語学校幹部は話す。

「日本語学校から専門学校や大学に進学する際に、年金や住民税未納は厳しく見られます。未納のないことが受験要件にもなっており、進学までは払っているケースは多いですが、その後は滞納しがちです。彼らは学生ですし、免除申請もできるでしょうが、周りにそうしたことをアドバイスする職員もいないのでしょう」

†特定技能はすべり止め

移行がスムーズにいかないのは、税金未納だけが問題ではない。前出の日本フードサービス協会の石井常務理事は業界の「見込み違い」も指摘した。

「大学や専門学校に通う留学生がたくさん試験を受けてくれると期待していたが、現実には限定的。五年間しか滞在できないのがネックになっているのではないか」

仮に試験を受けて合格しても、その権利を行使しない留学生も多い。二〇一九年一二月、神奈川県内の専門学校に通う留学生で、フィリピン人のカルロス・ジョイさん（二六歳）に出会った。すでに、外食の技能評価試験には合格している。

「月給二五万円です。試験に合格したら連絡ください」

ジョイさんのＬＩＮＥ（ライン）のトークルームには、そんな企業からのメッセージを複数、見つけることができた。技能評価試験の会場を出ると、企業の人事担当者など複数から声をかけられ、フェイスブックやラインの連絡先を交換したという。

ジョイさんはすべて、既読スルーの状態にしていた。なぜ返信しないかと聞くと、

「パーマネント（永住）が欲しいです。特定技能でひとまず働きながら介護の勉強をして、介護福祉士の試験を受けたいです。介護のビザが取れれば、家族も呼ぶことができて、在留期間の更新に制限もありません」

先出のＹＤＮホールディングスは、外国人留学生を対象とした就職サポートにも取り組む。留学生事情に詳しい小林竜社長はこう説明した。

「日本語学校を卒業し、専門学校や大学で学ぶ外国人留学生の希望は、あくまで、日本で働く在留資格としては最も一般的な「技術・人文・国際業務」です。家族の帯同が認められ、在留期間は特定技能と同じ最長五年ですが、更新ができます。留学生の多くは特定技能をすべり止めとしか思っていません」

国外での技能評価試験の開催回数はまだまだ少ないが、海外で試験を受け、特定技能外国人として入国してくるのが主流になりそうだという。

†監理団体が特定技能への移行を妨害

試験を受けて特定技能を目指す外国人がいる一方、当初から受け入れがスムーズに運ぶと見られていたのが、元技能実習生や技能実習生が特定技能に移行するパターンだ。先述の通り、優良に研修を修了していれば、試験は免除される。

だが、こちらも問題が山積している。その一つが、履歴書の偽造だ。第一章で実習生の前職要件については、説明した。日本を目指す実習生は、日本で従事する業務と同種の業務を海外で行った経験が求められる。そのため、申請時に海外の所属機関からの証明書を求められるが、偽造書類を作成している現状はこれまで説明してきた通りだ。

厄介なのは、偽造された職歴を実習生本人が知らない、または、覚えていないことだ。特定技能の申請時に履歴書の提出が求められるが、技能実習時に提出した履歴書と職歴が違えば、はじかれる。監理団体には技能実習終了日から一年間、履歴書を保管する義務はあるが、なくしてしまったと言われれば、それまでだ。

また、一部の監理団体が特定技能への移行を妨害している面もある。実習生本人や実習を実施している企業が五年働ける特定技能への移行を希望しても、技能実習2号（二～三年目）から3号（四～五年目）への移行を推し進める監理団体がある。登録支援機関で、情報サイト

「特定技能の窓口」を運営するパラダイム・ラボの大木敏晴さんは言う。

「特定技能外国人を受け入れるには、支援機関への登録が必要ですが、過去一年間に失踪者を出した監理団体は登録ができません。監理団体の収入は企業からの監理費に限られ、支援機関になれない悪質な監理団体が、技能実習を延長して監理費を確保しようとしているのです」

特定技能の運用要領には登録支援機関の登録拒否事由が示されているが、そのうちの一つが「行方不明者の発生による拒否事由」だ。「過去一年間に、登録支援機関になろうとする者において、その者の責めに帰すべき事由により外国人の行方不明者を発生させている者」は支援体制が不十分と判断され、登録支援機関への登録ができない。過去一年に失踪者を出し、登録支援機関になれない一部の監理団体は、ほかに実習生を奪われるくらいならと、実習生や企業の思いは無視し、実習生としての延長を企んでいるのだ。

†旅行者にも受験機会拡大

進まない受け入れに、業界団体も声を上げ始めた。日本商工会議所は二〇一九年一〇月、外国人の受入れに関する相談機能の強化・拡充や、対象職種の拡大を求める要望を発表。日本商工会議所の担当者は話す。

「特定技能の交付・許可件数が少数にとどまる一方、これまで外国人材を受け入れたことがない中小企業から、何をすればいいかわからないという声が多く寄せられています」

こうした動きも受け、政府は二〇一九年一二月、外国人材の受け入れや共生を話し合う関係閣僚会議を開き、総合対応策を改定した。菅義偉官房長官は、

「外国人が国を選ぶ時代だ。住んでみたい国、働いてみたい国を目指し、関係省庁が緊密に連携して取り組んでほしい」

入管庁が課題に挙げたのが、特定技能の試験を受ける機会と周知だ。今後は技能試験、日本語試験の最新情報を多言語で周知したり、地方自治体とハローワークの連携を進め、資格取得者と企業をつなぐ「マッチング支援」などをしたりするとした。

さらに政府は、受験機会の拡大にも舵を切った。主なポイントは、観光などを目的に入国する三か月以内の短期滞在者にも受験機会を拡大することだ。なかなか受験体制が整わない海外ではなく、受験体制の整った日本での受験を促すものだ。

海外からも歓迎の声が上がっている。ネパールの日本語学校「ネパール人材開発」（カトマンズ）のサキャ・アノジュ代表（四七歳）はこう話す。

日本語学校「ネパール人材開発」

「ネパールでは介護業種以外の試験は行われておらず、実施頻度も少ない状況です。日本で働きたいと願う若者は多く、特定技能に挑戦する受験ツアーを始める準備をしています」

受験ツアーのなかに採用面接も組み入れ、合格者の渡航費などの負担を企業に求める話し合いも進めているという。

短期滞在者にまで受験機会を拡大するほど、受入れが進まない特定技能。ベトナムの送り出し機関幹部はこう切り捨てた。

「渡航費も自己負担で、仮に試験に受かっても就職が保証されるわけではない。試験目的の短期滞在ビザで入国し、アンダーグラウンドで働く失踪者が増えるだけでしょう」

こうした事態は容易に想像できるが、出入国管理庁はどう考えているのか。筆者の取材に担当者はこう答えた。

「査証審査、上陸審査の際に、必要に応じて、ちゃんと受験票を持っているかどうかや、受験会場の近くのホテルを予約しているかどうか、受験票が正規に発給されたものかどうかなど、入国目的を慎重に確認していくことになります」

†失踪者は特定技能に移行できるのか

政府が特定技能の受験資格の拡大を発表して以降、第三章で紹介したベトナム人の駆け込み寺「日新窟」には、失踪した実習生からの問い合わせが殺到したという。受験機会が拡大されたのは短期滞在者だけではない。退学した留学生や、失踪した実習生にも受験機会が拡大されたからだ。

実習生として劣悪な職場で活動中でも、失踪して技能試験を受ければ、特定技能に在留資格変更できるのかではないか。または、すでに失踪中だが、技能試験に合格すれば、特定技能に在留資格変更できるのではないか。そんな期待を持った実習生は少なからずいたし、筆者自身も実習生の転籍がスムーズに行われていない状況であるなか、失踪者から特定技能への道が開かれれば、救われる失踪技能実習生も多いのではないかと期待を持った。

ただ、出入国在留管理庁の担当者は筆者の取材にこう回答した。

「二〇二〇年四月一日以降、失踪した実習生にも特定技能の受験資格が認められることになりますが、受験を推奨しているわけではありません。技能試験の試験実施機関が、試験実施機関の能力の範囲内で受験資格を確認できるようにするため、受験の対象者をシンプルに「在留資格を有している方」とした反射的効果として、失踪した実習生も形式的に受験が受けられるようになったに過ぎません」

ならば、変な期待や勘違いを生まないためにも、わざわざ失踪技能実習生にも受験資格が拡大されると発表する必要はないのではないか。実際、すでに期待している失踪者が少なくないことを担当者に伝えたが、そうですかと答えるのみだった。

しかし、失踪技能実習生が特定技能に在留資格変更できる可能性はまったくないのだろうか。二〇二〇年四月以降は受験対象が「在留資格を有している方」に変わるため、在留期限内であれば失踪技能実習生でも受験は可能になる。

ただ、仮に試験に合格しても、在留資格変更は難しそうだ。出入国在留管理庁が発表している「在留資格の変更、在留期間の更新許可のガイドライン」には八つのポイントが示されているが、そのうちの一つが「入管法に定める届出等の義務を履行していること」だ。

例えば、入管法に「中長期在留者は、住居地を変更したときは、新住居地に移転した日から一四日以内に、法務省令で定める手続により、新住居地の市町村の長に対し、在留カードを提出した上、当該市町村の長を経由して、出入国在留管理庁長官に対し、その新住居地を届け出なければならない」（第一九条の九）とあるが、失踪した実習生が新しい住居地を入管に届け出ることなど不可能に近いだろう。捕まるのではないかと不安になるだろうし、そもそも、そうした届け出義務があることを知らないだろう。

こうして考えると、失踪した実習生から特定技能へ移行は不可能に思えるが、一つだけ出入国在留管理庁の担当者も「個人的な考え」と前置きしながらも、在留資格変更が認められるのではないかとするケースがあった。それは、次のようなケースだ。

ある企業で技能実習をするAさん。職場では経営者から暴力を受けたり、賃金がきちんと支払われなかったり、技能実習の継続が困難な状態にあった。そこでAさんは外国人技能実習機構に助けを求め、外国人技能実習機構が準備したシェルターで生活をしながら、「転籍」活動を開始。しかし、転籍先がなかなか見つからず、その間に受験した特定技能の技能試験に合格。就職先も見つかり、在留資格変更したというケースだ。

ただ、この転籍がうまくいかないからこそ失踪者が増えるわけであり、やはり失踪した実習生への受験機会の拡大は、彼らの希望になりそうにない。

†特定技能創設後も増加する技能実習生

新しい在留資格「特定技能」での受け入れが進まない一方で、実習生は増加し続けている。二〇一九年末時点で前年末比二五・二％増の四一万九七二人だ。宿泊も対象職種に追加され、移行対象職種は八二職種一四六作業まで増えた。本稿執筆時点では、新たに非加熱性水産加工食品製造業の調理加工品製造と生食用加工品製造が追加される予定で、技能実習制度は縮小どころか、拡大し続けている。

そもそも、実習生としての受け入れができない外食業は別として、特定技能を歓迎する声ばかりではない。むしろ、地方を中心に技能実習の拡充を推す声が大きい。

はな膳で働くベトナム人実習生

千葉県を中心に和食チェーン「はな膳」などを展開するグリーンダイニング（船橋市）は二〇一八年、ベトナム人実習生の採用に踏み切った。例年、十数人は採用していた高校生が採れなくなったからだ。

実習生のため、認定された実習計画内の作業しかできない。同店の実習生の実習作業は「調味加工品製造」だ。その定義は「魚介藻類又はその乾製品に調味液を加え、味付けを行って調味加工品を製造する作業をいい、さらに貯蔵性を高めるために、煮つめたり、乾燥機、焙焼機等による乾燥を行って調味加工品を製造する作業」であり、できる作業には制限がある。同店で言えば、煮魚はつくれても刺し身はダメなのだ。

作業の幅に制限がある上に、実習計画を監理する監理団体への監理費は月五万円かかり、人件費は高卒新人より高くなる。それでも、同社の人事担当者は「技能実習生に魅力を感じている」と話す。最大の理由は、転職が認められていないことだ。

「実習生は真面目で仕事の習得も早い。何より、早期離職の多い日本の高卒と違い三年間辞めずに働いてくれるのが魅力だ。同時期に大卒のビザで採用した六人中、二人は転職した。技能実習の後に特定技能に移行することは歓迎するが、最初から転職ができる特定技能での採用には抵抗があります」（人事担当者）

同社は千葉県北部を中心に店舗を展開している。電車に乗れば都内までは一時間もかからない。仮に特定技能で採用しても、時給のいい都内の会社に簡単に転職してしまうのではないか。そうした不安がある。同社同様に実習生を受け入れる会社は地方に多いが、特定技能外国人は時給の高い都市部に転職してしまうのではないかという不安を持っている。

†技能実習制度の反省は活かされるのか

ただ、実際に転職ができるかどうかは大きな疑問が残る。特定技能制度では受け入れ企業や登録支援機関に転職支援の義務があるが、「特定技能外国人の責めに帰すべき事由によらずに特定技能雇用契約が終了した」場合などに限られる。

「責めに帰すべき事由」があるとは「特定技能所属機関が、雇用条件どおりに賃金を適正に支払っていない場合や1号特定技能外国人支援計画を適正に実施していない場合など、法令違反や基準に適合しない行為が行われていた期間内に、特定技能外国人が行方不明となった場合」（特定技能外国人受入れに関する運用要領）などを指す。

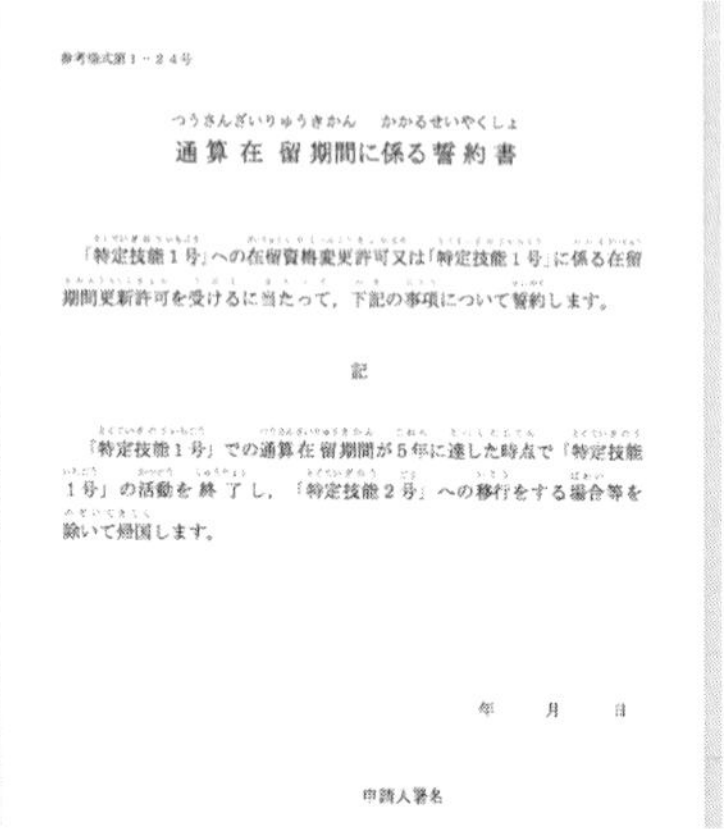

参考様式第1－24号

通算在留期間《つうさんざいりゅうきかん》に係《かか》る誓約書《せいやくしょ》

「特定技能1号」への在留資格変更許可又は「特定技能1号」に係る在留期間更新許可を受けるに当たって，下記の事項について誓約します。

記

「特定技能1号」での通算在留期間が5年に達した時点で「特定技能1号」の活動を終了し，「特定技能2号」への移行をする場合等を除いて帰国します。

年　　月　　日

申請人署名

5年で帰国することをサインさせる書類

企業が不安がっているような、少しでも高い賃金の会社へ転職したいなど、自己都合による転職は支援する必要はない。外国人自らが転職先を見つけ、自ら在留資格変更許可申請ができるかと言えば、疑問だ。提出すべき書類は大量にあり、N4レベルの日本語能力の特定技能外国人が一人で申請書類を準備できるとは到底思えない。転職を認めないことから国内外から「奴隷制度」と非難を受けることもある技能実習制度とは違い、特定技能は転職の自由を保障していると標榜しているが、実質、不可能だろう。技能実習や留学生による資格外活動での労働ではなく、真正面から労働者を受け入れる制度として始まった特定技能だが、まだまだ労働者を期間限定の労働者の調整弁としか見ていない。

特定技能外国人の在留資格申請に必要な書類の一つに、通算在留期間に係る誓約書がある。そのひな形が、法務省のホームページ上に公開されている。

「特定技能1号での通算在留期間が五年に達した時点で特定技能1号の活動を終了し、特定技能2号への移行をする場合等を除いて帰国します」

ご丁寧にも漢字にはルビを打ち、特定技能外国人本人のサインを求めている。五年終わったら、さっさと帰れということだ。この書類にサインさせることに、どれだけの意味があるのだろうか。

また、特定技能外国人への支援計画の一つに出入国の際の送迎があるが、出国の際には特別な注意が必要になる。法務省の「1号特定技能外国人支援に関する運用要領」にはこう書かれている。

「出国する際の送迎では、単に港又は飛行場へ当該外国人を送り届けるだけではなく、保安検査場の前まで同行し、入場することを確認する必要があります」

失踪しないか最後まで見張れということだ。高齢化する先進国のなかで若い人材の奪い合いになるなか、このような態度ではいつか日本国自体が「すべり止め」になるだろう。

もっとも、思い通りにならないのが世の常だ。特定技能制度の導入で日本はどう変わるのか。いち早く、単純労働分野で働く外国人に在留資格を与えた韓国を目指した。

第五章　ルポ韓国・雇用許可制を歩く

†日本にいる妹を韓国に呼びたい

二〇一九年のゴールデンウィークを使って、筆者は韓国に飛んだ。

ソウル中心部からバスに乗って約一時間。ソウルの南方約五〇キロに位置する華城市《ファソン》に入った。高層ビルが立ち並ぶソウル市内とは風景が一変し、コンビニやコーヒーショップさえ見当たらない。代わりに目に入るのが、食料品店やレストランの看板に書かれた東南アジアの国々の国旗だ。華城市には自動車や電子部品などの工場が林立し、多くの外国人が勤めている。週末になると周辺で働く外国人労働者が市の中心部に集まってくるという。

そんな町の一角にあるベトナム料理専門のレストランで、ベトナム北中部クアンニン省出身

華城市の中心部

のレ・コン・ルックさん（二六歳）に出会った。ルックさんは二〇一八年一二月から華城市内の自動車部品工場で働いている。ルックさんが海外で働くことを考えた時期は、ベトナムでは日本が人気だったはずだ。なぜ、韓国を選んだのか。ルックさんはこう話した。

「日本は手数料が高いし、給料も安いです。妹は九二〇〇ドル（約一〇〇万円）の手数料を払って日本に行きましたが、ほとんど貯金はできていません。日本にいる妹を韓国に呼んであげたいです」

一方、ルックさんが韓国で働くために払った手数料は約六三〇ドル（約七万円）だったという。妹の十分の一以下だ。

ルックさんが持参した給与明細を見せてくれた。韓国で働き始めて半年が経ったルックさんの手取り給与は約一五万円だった。韓国の最低賃金に近い金額だが、納得しているという。寮と食事が無償で提供されているからだ。

日本では寮などが準備されていても、住居費として給与から天引きされる。無償で提供されるケースはほとんど聞かない。ルックさんのように食事まで無償提供されるケースは聞いたことがない。住居費を引いた日本の実習生の手取り賃金は一〇万円前後で、そこから月に二万から三万円の食費を引くと、手取りは八万円前後。ルックさんのほぼ半額だ。

日本の実習生を取材してきた立場から言えば、ルックさんのほうが待遇は格段にいいと言える。ルックさんが妹を韓国に呼びたいというのも頷ける。多額の借金をして日本に行った妹と違い、ルックさんには借金もない。

自動車部品工場で働くルックさん

†韓国の外国人労働者政策

韓国は単純労働分野で働く外国人をどのように受け入れているのか。まずは、韓国における単純労働分野の外国人労働者の受け入れの歴史を振り返りたい。一九八〇年代前半までは韓国自身が外貨獲得のために自国の労働者を中東などに派遣する送り出し国の一面もあった。しかし、八〇年代半ば以降、少子化と大学進学率の向上により、韓国国内の主に製造業で人手不足が発生する。その人手不足を補う形で増えたのが、外国人労働者だった。

韓国は一九八六年にアジア競技大会、一九八八年にソウルオリンピックを開催し、世界でもその国力が知られるようになった。

その一方で、旅行客が訪れ、その一部の外国人が不法滞在で働くようになっていた。一九八七年の不法滞在者数は四二一七人だが、一九九一年には四万一八七七人にまで膨れ上がっている。外国人労働者の大半は不法滞在者で、一九九一年の外国人労働者における不法滞在率は実に九二・一％だった。

不法滞在者を減らしながら、労働力を確保するため、韓国政府は法律の整備に着手。一九九一年に「海外投資企業研修制度」を作り、海外投資、海外への技術供与、設備輸出関連企業に限り、単純労働外国人の受け入れを認めた。そして一九九三年には、従業員三〇〇人未満の中小企業を対象とした「産業研修生制度」が導入された。日本同様、国際貢献の名目で導入した研修制度だったが、実態は単純労働者の受け入れだった。

当初、研修期間は一年だったが、翌一九九四年にはさらに一年延長し、二〇〇〇年には二年間の研修のあとに、一年間労働者として就業できる「研修就業制度」となった。二〇〇二年には研修一年、就業二年に変更されている。

ただ、研修制度には失踪という大きな問題がつきまとった。研修生受け入れ企業の選定基準が厳しく、研修生を受け入れたくても受け入れられない企業が多かった。そうした企業が高い賃金を払い、失踪者を雇った。二〇〇一年当時、合法の研修生と失踪者の月額賃金は、それぞれ平均四五万三〇〇〇ウォン（約四万円）と六五万三〇〇〇ウォン（五万九〇〇〇円）。失踪したほうが稼げると、失踪者が増えていったのだ。

日本同様、ブローカーなどに多額の借金をして来韓する研修生が多く、より高い賃金を求め、また、三年間では十分なお金が稼げないと、失踪者は増え続けた。失踪者に対する賃金の未払いや暴行、労災などの問題も多発したが、研修生の失踪や観光入国で働く外国人労働者の不法滞在者率は、二〇〇二年には八〇・二％まで達した。そんななか、二〇〇四年に導入されたのが、雇用許可制である。

†雇用許可制とは何か

移民政策に詳しい薛東勲《ソルドンフン》全北大学教授にアポイントを取ると、大学内の研究室で取材に応じてくれた。ソル教授は、雇用許可制を創設した中心的人物の一人だ。特定技能の創設をきっかけに、ソル教授のもとには日本のメディアだけではなく、政府関係者も訪れた。雇用許可制が、日本の特定技能と極めて近い制度であるからだ。

ソル教授はこう話す。

「韓国が一九九三年に日本の研修制度をモデルに導入した「産業研修生制度」は、研修とは名ばかりで、実態は「労働者」でした。人権侵害や悪質なブローカーによる中間搾取、不法滞在者の増加が問題となり、韓国は二〇〇四年に単純労働分野の外国人を労働者として受け入れる

「雇用許可制」（ＥＰＳ）を導入しました。国が外国人労働者を一括管理することで、ブローカーなどの中間搾取がなくなり、国際労働機関（ＩＬＯ）からも透明性の高い制度として高く評価されています」

　不法滞在者や外国人労働者への人権侵害をマスコミが大々的に報じたことで社会問題にまで発展し、二〇〇二年の大統領選では与野党の立候補者が「雇用許可制の導入」を公約に掲げた。その後、国民世論の後押しを受け、盧武鉉《ノ・ムヒョン》大統領政権下の二〇〇四年八月に「外国人勤労者雇用などに関する法律」が施行され、雇用許可制がスタートした。役目を終えた産業研修生制度は、二〇〇

薛東勲・全北大学教授

七年に廃止されている。日本では二〇一九年に特定技能により単純労働で働く外国人に初めて在留資格を認めたが、韓国ではその一五年前の二〇〇四年から受け入れを始めているのだ。

　雇用許可制は、韓国政府が協定を結ぶ一六か国から、雇用動向に応じて一定の枠を政府が設定し、その範囲内で単純労働分野で働く外国人労働者を受け入れる仕組みだ。製造、建設、農畜産、漁業など五業種で、近年の新規受け入れ者数は年五万人程度で推移している。

　採用の流れはこうだ。外国人労働者を雇いたい韓国の雇用主は、まずは雇用センターに「韓

国人の求人」を申し込む。自国民ファーストを徹底させ、二週間経っても採用できない場合に限り、初めて外国人雇用許可書を申請できる仕組みになっている。

ただ、外国人が働く現場は製造業を中心に、Dengerous（危険で）、Darty（汚なく）、Difficult（困難）な「3D職場」であり、韓国人からの応募はほぼないという。

雇用許可制を使って韓国で働く外国人

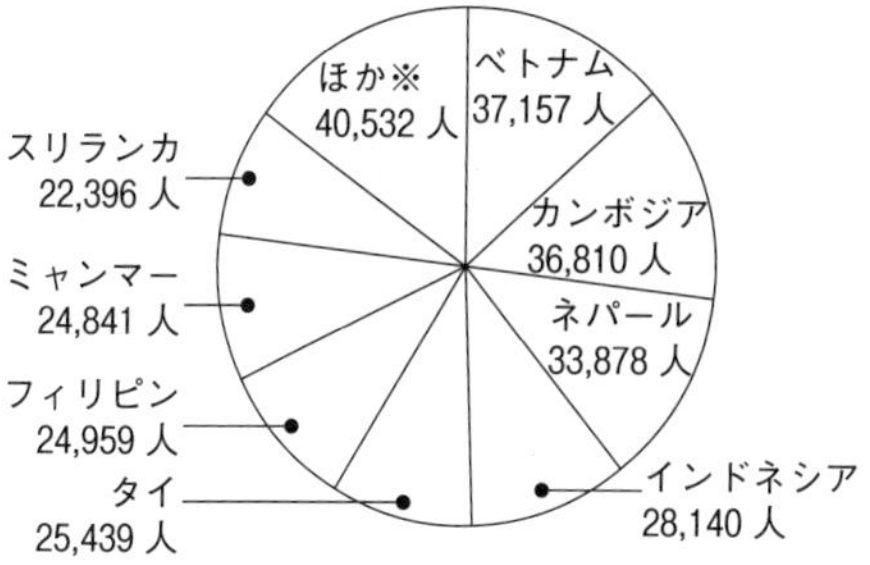

(2019年3月時点)

外国人雇用許可書が認められれば、送り出し国の韓国への就業希望者の名簿から、企業は国の機関を通して労働者を採用することができる。外国人労働者には最低賃金など韓国国民と同等の労働関係法が適用され、退職金や賞与もある。

採用はすべて国と国の機関同士で行われるため、企業は面接などで海外まで行く必要はない。政府が提示した名簿から労働者を選ぶだけだ。あっせん業者やブローカーが入り込むことはできず、ピンハネもなくなった。結果として、労働者の負担は軽くなったのだ。

現在、雇用許可制で約二七万五〇〇〇人の外国人が働いている。二〇一九年三月時点では、最も多いのがベトナムで三万七一五七人、次いでカンボジア三万六八一〇人、ネパール三万三八七八人と続く。ソル教授はこう話す。

「日本が特定技能で受け入れる九か国と、韓国が雇用許可制で受け入れる国は重なっている。日韓が人材獲得競争をする時代に入ったと言えるでしょう」

†雇用許可制なら約一〇年働ける

九二〇〇ドル（約一〇〇万円）を払って日本に行った妹を持つ本章冒頭のルックさんが、韓国での就業に向けて払った手数料は先述の通り約六三〇ドル（約七万円）だ。韓国の雇用許可制の適用を受けるためには、自国で韓国語テストに合格する必要があるが、それにかかった費用も一五〇ドル程度だという。失踪防止の目的で約四〇〇〇ドル（約四五万円）の補償金を預ける必要があるが、無利子で借り入れることができ、帰国すれば返還される。

これまで書いてきた通り、日本に行くために実習生が約七〇〇〇～八〇〇〇ドル（八〇万円前後）払っていることを思えば、相当安いと言える。高い手数料を払った分、日本は稼げるのかと言えば、「基本は最低賃金で、月収にすれば一五万円前後」（監理団体幹部）であるのが現状だ。韓国も日本同様に最低賃金ベースを設定するケースが大半だが、都道府県で異なる日本とは違い、韓国の最低賃金は全国一律だ。それも「最低賃金を二〇二〇年までに一万ウォン

（九〇〇円）に引き上げる」ことを公約に掲げた文在寅大統領によって、すでに最低賃金は二〇一七年の六四七〇（約五八〇円）から八五九〇ウォン（約七七〇円）にまで上がっている。

働ける期間も長い。華城市では、もち工場で働くベトナム・ホーチミン出身のマイ・ティ・ゴ・ヅルさん（二九歳）にも出会った。ヅルさんは韓国で通算九年六か月働いている。

ヅルさん

当初、韓国の雇用許可制の在留期間は三年だったが、段階的に延長され、現在は最大四年一〇か月だ。継続して五年以上住むことが韓国の国籍取得の条件の一つになっているため、四年一〇か月で一時的な出国が求められるが、条件が合えば、再入国も可能だ。再び四年一〇か月働くことが可能で、合わせて最大九年八か月働くことができる。

ヅルさんはそのほぼ全期間を働いたことになる。どれだけ稼いだかを聞いてみた。

「最初の四年一〇か月で稼いだお金は、家族が抱える借金の返済でなくなりました。二回目の入国後に稼いだお金でホーチミンに家を買いました。これが五〇〇〇万ウォン（約四五〇万円）くらいで、今は残り一〇〇〇万ウォン（約九〇万円）の貯金があります」

あと数か月働いたら「ベトナムに帰り、ホーチミンに買った家の一角で何か商売を始めようと思っています」と、ヅルさんは今後を話していた。

年末に八〇万円のボーナス

華城市内に工場を持つ溶接機器メーカー「OBARA KOREA」を訪ねた。同工場には約一八〇人が勤務しているが、そのうち三二名が雇用許可制で働く外国人だ。

監理部のイ・ジェホン部長はこう言い切った。

「外国人労働者を安い人件費で働く人材として考えたことはありません」

外国人の専用寮

工場から徒歩五分の場所に、外国人労働者のための社員寮があった。一つの部屋を二人で利用するシェアハウスだが、無償で提供されている。ワイファイも準備されていた。

さらに驚くのは、食事までもが無償提供されていることだ。出勤日は工場内の社員食堂で提供され、休日も一日三食の実費相当を食費として支払う形で提供しているという。日本の実習生を取材してきた筆者から見れば、信じられない好待遇だ。

冒頭のルックさんもそうだが、なぜ韓国は宿舎を無償提供するなど、日本と比べ恵まれた労働環境を提供しているのだろうか。その答えは、転職にある。韓国の雇用許可制では、雇用主の承認があれば年に一回、合計三回まで転職することができる。

「仲のいい友人が働く会社に転職したい」

「給料の高い会社に転職したい」

そうした「自己都合」による転職も認められている。そのため、雇用者としては有能な労働者を確保するためには、それなりの待遇を準備しなければならないのだ。

イ部長はこう話した。

「最低賃金が急激に上がり、これ以上、給料を上げて差別化するのは難しい。寮や食事の無償提供は他社も実施しています。いい人材を集めるため、年に二回の社内イベントを実施し、年末には七〇〇万〜八〇〇万ウォン（約六三万〜七二万円）のボーナスも支給しています。本人が希望すれば、無給ですが一か月程度の長期休暇も認めています」

イベントと言っても、社内でのカラオケ大会レベルの話ではない。同社で働くミャンマー出身のイエ・リン・チョさん（三一歳）はほこらしげに話した。

「前回は二泊三日のスケジュールで南の島に泊まり、水上スキーなどを楽しみました。ペンシ

食堂で昼食をとるチョさん

ョンに泊まり、夜はみんなでバーベキューをしました。費用は全部会社負担です」

給料は夜勤や残業代を加えれば、三〇〇万ウォン（約二七万円）を超えることもあるという。年末のボーナスを加えれば、年収ベースで四〇〇万円近くになる。これだけの好待遇なら韓国人でも働きたいという人が出てくるのではないか――。

しかし、イ部長はこう話すのだ。

「外国人が担当するのは、金属を溶かして鋳型に流し込む作業です。夜勤もあり、危険も伴う作業です。韓国人からの応募はないに等しく、仮にあったとしても、すぐに辞めていきます。外国人は残業があっても、むしろ喜んで働いてくれます」

CCTVカメラ（防犯・監視カメラ）などに使用する精密部品などを作る協診正孔（ヒョプジンジョンゴン）にも足を運んだ。ここでは九人の外国人が働いている。同社にも専用寮があり、食事も無償提供されているようだ。給料も残業代を含め三〇〇万ウォン程度と、待遇はいい。

ソ・ガブス社長はこう話す。

「韓国人もハングリー精神がなくなったのか、夜勤でも頑張って稼ぎたいという人がいない。

外国人がいなければ、工場がとまってしまいます」

日本の実習生の基本的な待遇について記者が話すと、ソ社長はこう話した。

「うちの会社で働く外国人を見ていても、兄弟や親せきが別の国で働いていることが多い。他国の情報も入ってきている。日本もグローバルスタンダードに立たないと、質の悪い労働者しか集まらなくなるだろう」

工場前でソ社長

†移民労組は「雇用許可制反対」

新元号・令和の幕が開けた二〇一九年五月一日——メーデー（労働者の日）だったこの日、ソウル市庁周辺を街頭行進する労働組合の人々のなかに「移住労働者労働組合」の組合員たちの姿があった。現在、雇用許可制で働く外国人を中心に、組合員は約五〇〇〇人。彼らが持つプラカードにはこう書かれていた。

「Abolish EPS! Achieve work permit system!」（雇用許可制を廃止し、労働許可制を！）

「Free Job Change!」（転職の自由を）

移民労組の行進

なぜ、雇用許可制に反対なのか。日本とは比べものにならない恵まれた待遇で、長期間働くこともできるではないか——。記者が訪問した会社の話をすると、ネパール出身で、移住労働者労働組合・委員長のウダヤ・ライさん（四二歳）に鼻で笑われた。

「取材に対応するような「いい会社」は全体の二割程度でしょう。雇用許可制の外国人労働者を受け入れる企業の大半は従業員数三〇人に満たない小さな会社で、まだまだ劣悪な環境にあります。もし、雇用許可制が素晴らしい制度なら、失踪者も出ません」

確かに、韓国は雇用許可制で年間五万人程度を新しく受け入れているが、その一方で、雇用許可制で働く九五〇〇人（二〇一八年）が新しく不法滞在者になっている。失踪せざるを得ない環境であれば、転職をすればいいのではないか。ライさんは「雇用許可制が当初の姿から変わってきている」と指摘する。

「特に李明博《イ・ミョンバク》大統領政権時に、単年ではなく三年間の労働契約を結べるようになり、雇用主の立場が強くなりました。一年であれば劣悪な環境でも我慢して、次の職場に移ることができましたが、三年は我慢もできません。しかも、三年後に契約を延長できるのは最初の職場だけです。「雇用者が転職を認めず、「契約を延長しない」と言われれば、黙って働き続けるか、失踪するしかありません」

仮に雇用主が転職を認めても、以前は国の機関である雇用福祉プラスセンターが転職先を一〇社程度紹介してくれたが、現在は一社ずつだという。雇用主もそれを知っているからこそ、強気になる。外国人は三か月以内に仕事を見つけることができなければ、帰国しなければならないのだ。複数社の面接を受ける時間はなく、実質、選択肢はないという。

ウダヤ委員長

労働者の立場が弱まっているからこそ、労働組合などに加入して権利を訴える方法があるが、活動はなかなか広がらない。移住労働者労働組合は二〇〇五年に結成。現在、組合員は五〇〇名。八か国の出身者で構成されるが、その九割はライさんと同じネパール人、そしてバングラデシュ人だという。

「韓国に受け入れてもらっているのに、文句を言うべきではない」という声が同胞からもある。ネパール政府からコンプレインが入

ったこともある。また、労働組合の活動そのものに理解がなく、活動が広まらない」（ライさん）

相談の六割は賃金の未払い

外国人労働者を支援する仕組みはないのだろうか。

韓国政府は全国三五か所（委託含む）に労働相談や語学教育などを実施する外国人労働者支援センターを設置している。そのうちの一つ、議政府《ウィジョンブ》外国人労働者支援センターに足を運んだ。

同センターの年間予算は七億ウォン（約六三〇〇万円）。一六か国に対応する相談員が配置され、外国人労働者の職場での暴行や転職希望などの相談に乗っている。毎週日曜日に開かれる無料の韓国語教室には、六〇〇人もの外国人が集まってくるという。無料の医療支援を月一回実施するなど、外国人労働者支援の中心的な役割を担っている。

議政府外国人労働者支援センター

週に約三五〇人からの相談があるというが、どんな相談が多いのか。相談チーム長のリュ・ジホさんはこう話す。

「相談全体の約六割は給料が遅配したり、少なく支払われたり、退職金がもらえないなどの給料に関する相談です。次に多いのが、転職を希望しても雇用主が応じてくれないなど、転職に関する問題です。それが全体の約三割を占めます」

　その他、暴力や暴言などのトラブルもある。トラブルを起こす企業には、決まった特徴があるとジホさんは話す。

「社員が一〇人以下の個人商店のような会社です。農林や畜産など、労働法をきちんと守らないケースが多い。労働者が転職を願い出てもそれに応じず、そのため、失踪する外国人が後を絶たないのです」

　ただ、外国人労働者にとって政府機関や民間の支援が十分かと言えば、そうではない。インド国境のカンチャンプル郡出身で、ネパール人のマドゥ・スダン・オジャさん（三六歳）は四年前、先述の移住労働者労働組合に加入した。支援機関が信用できなかったからだ。オジャさんは韓国で働き始めて四年と六か月だが、現在勤める会社は三社目だ。最初に入った会社は、金属加工の会社だった。社長を含め従業員は

センターには各国の母国語の本を収容した図書室も

八名、そのうち六人は雇用許可制で働くネパール人だった。職場では韓国人上司の暴力が横行。不満げな態度を見せたり、仕事が遅れたりすると、「国に帰りたいのか」と、脅迫された。

それでもネパール人六人中四人は耐え続け、オジャさんを含む二人は労働組合に相談し、転職することができた。オジャさんは話す。

「外国人労働者支援センターに行ったことはありますが、相談相手は韓国人でした。雇用主と私を仲良くさせようとしていて、信用できないと思いました」

オジャさんは二社目のプラスチック工場でも上司のパワハラに遭い、転職。現在はナットボトルを作る会社で働いている。ここでも差別的な対応に頭を悩ましている。

「外国人労働者だけに有給休暇が与えられなかったり、明らかに年下の韓国人からため口で話しかけられたりします。環境が悪く、差別がある場合などは、雇用主の許可がなくても自由に転職できるようにして欲しいです」

自治体や市民団体が運営する外国人労働者の支援団体もある。外国人労働者の信頼が厚く、韓国国内中から相談者が集まるというファソン外国人労働者センターにも足を運んだ。主に寄付金で活動する市民団体だ。ここでも給料に関する相談が最も多いという。

給料の未払いなどがあった場合、政府の雇用労働府に申告すると、経営者と労働者が呼び出される。賃金未払いなどの不正行為があれば、政府は雇用主の雇用許可を取り消すことなどができる。ハン・ユンス所長はこう話す。

「立証責任が労働者の側にあり、支援団体職員が同行するなどしなければ、言葉の問題もあり、問題の解決は困難だ。雇用許可制は当初いい制度だったが、今は違った制度になってしまった」

†ベトナム人受け入れをストップ

ユンス所長

韓国の雇用許可制にも課題があることがわかった。入った会社により、ここまで待遇が違うということにも驚かされる。そうした劣悪な会社と最初からそもそも契約を結ばなければいいと思うかもしれないが、労働者の側に選択肢はないと言っていい。二〇一六年から韓国で働くベトナム人のファム・チ・ドゥンさん（三二歳）はこう振り返る。
「韓国語試験に合格して就業希望者として登録し、採用されればベトナムにある韓国政府機関から連絡があります。大学で学んだ建築関係の仕事を希望していましたが、事務所で見せられたのは製造業の契約書が一件。「やりますか?」と言われ、サインしました」

希望する仕事が来るまで待てばいいと思うかもしれないが、そう単純ではない。韓国では就業までに一年ほどかかると言われ、一度断ると、次にまたいつ仕事がくるかわからない。いい会社に入ればいい待遇が得られるとわかりながらも韓国の人気が出ない理由は、この時間にある。日本の実習生なら最短で四〜六か月、台湾なら一か月後には働き始められる。その点、ベトナムでは日本の人気があるのだ。

もっとも、韓国は失踪者が多いという理由からベトナム人受け入れを一時ストップした。二〇一六年に再開したが、失踪者が多い出身エリアからの受け入れは今なおできない状態が続いている。

ドゥンさん

日本の実習生もそうだが、受け入れ先によってあまりに待遇の差が大きい。事実上転職に制限がある状況においては、待遇差が失踪を誘発する。受け入れ企業の基準を厳格化し、劣悪な環境しか与えられない企業を締め出す必要もあるだろう。これは日韓がともに抱える問題だ。
韓国取材のなかで、韓国の政府機関関係者はこんな本音を話していた。
「潰れかかった会社を存続させることが目的なら、外国人労働者の受け入れはやめた方がいい」

これは日本の技能実習制度にも言えることではないだろうか。

特定技能とは明確に違う

安山市内のプラスチック工場

韓国取材では最後に安山《アンザン》市内のプラスチック工場を訪ねた。同社は産業研修生時代から外国人を採用し続けている。同社の経営者は、匿名を条件に取材に応じた。経営者は外国人労働者の給与明細を筆者に示しながら、こう語気を荒げた。

「雇用許可制は一〇〇％間違っている。韓国人と同等の待遇にしなければならないとするが、言葉も話せず、仕事も一人前ではない労働者となぜ同等なのか」

給与明細に記された外国人の月額給料は三〇〇万ウォン（約二七万円）近い。専用寮を準備し、食事も無償で提供しているという。

「製造業は三年でようやく一人前。それまでは投資。韓国人はそこから何十年と働き、会社に利益を出してくれる。外国人はこれまで雇用許可制で一〇〇名以上受け入れてきたが、四年一〇か月で帰国し、再び延長して働きたいと戻ってきた人はいない。最低賃金が急激に上がっており、これ以上外国人を雇用できない」

この経営者と同業種の会社は、外国人採用を断念し、カンボジアに工場を出した。韓国では三〇〇万ウォン近い人件費がかかるが、カンボジアの場合、同じ作業でも人件費は月一三〇ドル（約一万五〇〇〇円）になるという。この経営者も外国人の採用を辞め、自社のベトナム工場を再稼働させる予定だという。

「自社の工場があるベトナムなら賃金は月額三〇〇～五〇〇ドル（約三万三〇〇〇～五万五〇〇〇円）程度だ。外国人を採用するのではなく、国外に出ることになる」

期間限定では労働力になり得ない。日本より約一五年早く単純労働分野で働く外国人を受け入れた韓国では、新たな問題に直面しているようだった。日本でも転職が認められる特定技能の導入で、外国人労働者の待遇は上がるかもしれない。

ただ、すべての企業が好待遇で外国人を迎えられるわけではなく、そこに待遇差が生まれるだろう。待遇の差以前に、日本では地域により最低賃金が異なる。

待遇差は失踪を誘発する。先述の通り、特定技能でも労働者による転職は容易ではない。転職ができなければ、この韓国で見たように失踪するしかない。日本でも失踪者が増えるのは、火を見るより明らかだろう。

韓国で、特定技能の未来を見た。ただ、韓国の雇用許可制と日本の特定技能は明確に違った。韓国は外国人の受け入れを政府機関で実施することで、中間搾取を取り除くことに成功し、労働者の負担は確かに軽くなっていた。日本の特定技能は、相変わらず民間任せだ。多額の借金を背負いながら働く状況は、特定技能でも続いていくのだろうか。それでも、日本を目指して働きに来てくれるのだろうか。

実習生たちの母国が急成長を遂げる一方、ほぼ二〇年間、賃金が低迷し続ける日本。借金を背負ってでも来るだけの魅力が、日本に残っていればいいのだが。

あとがき

二〇一九年夏から、二足の草鞋《わらじ》を履いている。フリーのジャーナリストとして取材、執筆活動を続ける一方で、NPO法人日比交流支援機構（東京都世田谷区）の活動に理事として参加している。主に日本国内で生活をするフィリピン人を対象とした支援組織で、英語での生活情報提供や、外国人向けシェアハウスの運営などを行っている。特定技能外国人をサポートする登録支援機関にも登録し、フィリピン人特定技能外国人の支援はもちろん、企業の外国人採用コンサルティングもしている。

本書は実習生に迫ったルポだが、単純労働分野で働く外国人の主役は、早晩、特定技能外国人に変わるだろう。大きな時代の移り変わりを内側からも見てみたい――そう書くと尤もらしく聞こえるが、フリーの物書きという仕事がもう成り立たないのだ。年々取材経費と原稿料は削られ、いくら書いてもまともに食える仕事ではなくなった。

それでも書き続けたいのなら、収入の安定した奥さんを持つか、生活費を確保するために別の仕事を持ちながらやるしかない――物書きの先輩各位へ相談するたびに同じようなアドバイスを受け、結果的には後者を選んだ。それも、仕事を通して、内側から取材対象を見ることもできるのだから、これ以上の選択肢はない。次作のタイトルは『ルポ特定技能』だ。

いずれにせよ、書く仕事は続けたい。続けなければならないと思っている。

話は逸れるが、いわゆる「モリカケ問題」を週刊誌の専属記者として追い続けていたとき、霞が関の官僚と話す機会がよくあった。何度と会って話をするうちに、会話の範囲も広がる。あるとき、ある省庁の幹部が話した「霞が関の危機感」をよく覚えている。

「昔と違って霞が関に入ってくるのは、首都圏の私立中高一貫校から大学に入った若者ばかりになってきている。彼らのクラスメイトに生活保護受給家庭の子どもや、田舎の農家の子どもはいない。同じような階層の人間ばかりが集まり、国の政策を考えられるのか」

なぜ、この話をよく覚えているかと言えば、出版業界も同じことが言えるからだ。昔は筆者のような高校中退者でもフリーランスとして何とか経験を積み、週刊誌などの契約記者に採用され、それなりの収入を得て、自立していくことができた。今は若手のフリーランスを育てる余裕もなく、大卒から入社した正社員記者ばかりが目につくようになった。

おそらく筆者は、いい加減な経歴で、ぎりぎり出版業界に潜り込んだ最後の世代だと思う。だからこそ、大卒正社員には見えないものを書こうと、できる限り低い位置から物事を眺めてきた。実際に低いのだから仕方はないが、それが物書きとしての自分の使命だと思っている。

そこから見えるものの一つが、海外の出稼ぎ労働者だったということだ。

最後に、技能実習制度について。人材不足に対応する特定技能という制度ができた以上、これ以上、技能実習制度という理解に苦しむ制度で労働者を受け入れる必要はない。

ただ、その特定技能が本文でも触れた通り、転職の壁は相当高く、単純労働に就くはずが技能試験を求められるという、どうにも使い勝手の悪い制度だ。試験に合格したからと言って、就職が確約されるわけでもなく、その時間やかかる費用を日本サイドが保証してくれるわけでもない。それもこれも移民を認めないとする言い訳として制度が複雑になっているのだが、今後も海外からの特定技能人材としてやってくる外国人は爆発的には増えないだろう。

ならば、特定技能とは何なのか。これはもう、現時点では技能実習制度の延長政策としか言えない。実習生として最大五年、特定技能に移行して最大五年、合計一〇年働いて、国に帰ってもらう。その頃にはAI技術が今より発達し、人手不足もなくなっているだろう。そんな魂胆に違いない。この間、特定技能の取材でも霞が関の官僚と話す機会は多かった。筆者は、某省庁幹部のこんな言葉を忘れはしない。

「二〇二五年に人手不足のピークは来るが、それを乗り越えれば外国人もいらなくなる」

共生社会という言葉が嫌いだ。特に、リベラル寄りの媒体、識者から発せられるそれは。

日本語を話せない外国人留学生とともに、深夜のコンビニの弁当工場で働くことをお勧めしたい。しょせん耳触《みみざわ》りのいい外国人との共生なんて言葉は、日本人がやりたくない低賃金で、退屈で、きつい仕事に文句言わずに就いてくれる外国人との共生であり、そんな褒められた言葉ではない。先の霞が関官僚の言葉ではないが、必要なくなればさよならだ。引き続き、筆者はこの外国人労働者の世界をウォッチして行こうと思う。

この場を借りて、お礼を伝えたい。本書を読んでお分かりの通り、技能実習制度は、こうして一冊の本が書けるほど複雑な制度だ。行政資料に目を通すだけでは、理解が追いつかない。そのため、どうしてもメディアは劣悪な環境で働く実習生ばかりを取り上げ、安易に感情に訴えがちだ。そうしたメディア対応を敬遠する監理団体が多いなか、取材という関係を超え、一から技能実習生の受入れの仕組みを教えてくれたアゼリア協同組合（群馬県館林市）の幹部で、つばき人材育成有限会社（ホーチミン市）の日本駐在員を務める五百部敏行さんには格別の謝辞を伝えたい。ご自宅にも何度と招いて頂き、ベトナム人の奥さんのファム・ティ・トゥ・タオさんからもベトナム人の考え方や歴史などについて教わった。五百部さんのブログ「続・奥様はベトナム人」は、今でも現場の最前線を知るための筆者の重要な情報源である。

そして、もう一人。ヤフーニュース特集編集部の岡本俊浩さんは、本書の生みの親と言っていい。取材費が年々削られるなか、海外取材なんてもってのほかだ。そんななか、海外取材実績のない筆者をベトナム、そして韓国で働くベトナム人取材に行く機会まで与えてくれた。二〇一八年一二月二〇日にヤフーニュース特集から配信された「なぜベトナムの若者は日本の技能実習生になるのか――ハノイで見た「それでも」行く理由」は同社でもトップクラスのアクセスを稼ぎ、その記事を見ていた一人がちくま新書の編集長で、本書の企画にGOサインが出たキッカケになったと、本書編集担当の松本良次さんから聞かされた。

最後に、お金の使い道まで根掘り葉掘り聞く筆者の取材に嫌な顔せず応じてくれたすべてのベトナム人実習生、送り出し機関関係者の皆様に深くお礼申し上げます。

初出一覧

・「バイト探し」は日本語学校に頼む／朝日新聞出版『AERA』二〇一八年八月六日号
・返済だけじゃ帰れない／朝日新聞出版『AERA』二〇一八年一一月二六日号
・なぜベトナムの若者は日本の技能実習生になるのか――ハノイで見た「それでも」行く理由／Yahoo! ニュース特集／二〇一八年一二月二〇日配信
・ベトナム人技能実習生が失踪を決意するまで――一〇〇万の借金返せず、貯金の夢も絶たれ／BUSINESS INSIDER／二〇一八年一二月二七日配信
・留学生なしじゃ回らない／朝日新聞出版『AERA』二〇一九年三月二五日号
・NHK報道に「また縫製か」、ベトナム本国にも伝わる日本の「悪条件」業種／BUSINESS INSIDER／二〇一九年六月二八日配信
・1人で数百人担当することも。今治・ベトナム人労働者問題で表面化した監理団体の無責任／BUSINESS INSIDER／二〇一九年七月八日配信
・ベトナム人技能実習生の原点を歩く（上）「日本で3年　故郷に家が建つ」／朝日新聞出版『AERA』二〇一九年七月二二日号
・ベトナム人技能実習生の原点を歩く（下）「接待費用も背負って日本へ」／朝日新聞出版『AERA』二〇一九年七月二九日号
・「稼げる国」の一方で失踪者も――外国人労働者受け入れで先行する韓国の現実／Yahoo! ニュース特集／二〇一九年八月二七日配信
・特定技能外国人が日本に来ない重大な理由／朝日新聞出版『週刊朝日』二〇一九年一一月二九日号

・日本は外国人の「すべり止め」国家？　人手不足の飲食業界で〝特定技能〟が思惑ハズレ／BUSINESS INSIDER／二〇一九年一二月二五日配信
・失踪者も旅行者もどうぞ／朝日新聞出版『ＡＥＲＡ』二〇二〇年二月一七日号
・【直撃】炎上「犬歩き動画」を撮影したベトナム人技能実習生、カメラを回した理由／BUSINESS INSIDER／二〇二〇年三月二日配信

参考文献

明石純一『入国管理政策――「１９９０年体制」の成立と展開』ナカニシヤ出版、二〇一〇年
石塚二葉「ベトナムの労働力輸出――技能実習生の失踪問題への対応」『アジア太平洋研究』（No.43）二〇一八年
出井康博『ルポ ニッポン絶望工場』講談社＋α新書、二〇一六年
出井康博『移民クライシス――偽装留学生、奴隷労働の最前線』角川新書、二〇一九年
岩下康子「技能実習生の帰国後キャリアの考察――ベトナム人帰国技能実習生の聞き取り調査を通して」『広島文教女子大学紀要』（53）二〇一八年
呉学殊「韓国における外国人労働者政策の実態」『労働法律旬報』（１８０６号）二〇一三年
呉学殊「韓国における外国人労働者政策の変遷」『都市問題』二〇一八年九月号
大坂恭子「改正入管法は何が問題か」『人権と部落問題』二〇一九年六月号
山倉貞男『物語ヴェトナムの歴史』中公新書、一九九七年
加藤桂子「韓国における外国人労働者受入制度」『季刊・労働者の権利』（Vol.328）二〇一八年
斉藤善久「外国人技能実習制度の問題点――技能実習法の与える影響」『労働法律旬報』（No.1897）二〇

一七年
斉藤善久「外国人の労働問題」『月報司法書士』二〇一八年六月号
斉藤善久「特定技能制度における「転職の自由」」『人権と部落問題』二〇一九年六月号
佐野孝治「韓国における外国人労働者「雇用許可制」と支援システム」『労働の科学』（70巻15号）二〇一五年
巣内尚子『奴隷労働――ベトナム人技能実習生の実態』花伝社、二〇一九年
宣元錫「韓国の現実主義移民政策への転換」『自由と正義』二〇一五年一一月号
芹澤健介『コンビニ外国人』新潮新書、二〇一八年
髙宅茂、瀧川修吾『外国人の受入れと日本社会』日本加除出版、二〇一八年
西川直孝「ベトナム人帰国技能実習生の就業状況に関する調査――就業選択行動と収入を中心に」『移民政策研究』（第11号）二〇一九年
西日本新聞社編『新移民時代』明石書店、二〇一七年
安田浩一『ルポ差別と貧困の外国人労働者』光文社新書、二〇一〇年

各種行政資料
NNA　ASIA（アジア経済ニュース）
朝日新聞、産経新聞、日本経済新聞、毎日新聞、読売新聞

ちくま新書
1496

ルポ　技能実習生《ぎのうじつしゅうせい》

二〇二〇年五月一〇日　第一刷発行
二〇二三年一月二五日　第四刷発行

著　者　澤田晃宏（さわだ・あきひろ）

発行者　喜入冬子

発行所　株式会社　筑摩書房
東京都台東区蔵前二-五-三　郵便番号一一一-八七五五
電話番号〇三-五六八七-二六〇一（代表）

装幀者　間村俊一

印刷・製本　三松堂印刷　株式会社

ISBN978-4-480-07307-5 C0236

ちくま新書

1351
転職のまえに
――ノンエリートのキャリアの活かし方
中沢孝夫

仕事人生の転機において何を考えるべきか？　雇用の基本、キャリア、自己投資。中小企業論の第一人者が様々な実例とともに語る、中高年からの働き方「再」入門。

1065
中小企業の底力
――成功する「現場」の秘密
中沢孝夫

国内外で活躍する日本の中小企業。その強さの源は何か？　独自の技術、組織のつくり方、人材育成……。多くの現場取材をもとに、成功の秘密を解明する一冊。

1277
消費大陸アジア
――巨大市場を読みとく
川端基夫

中国、台湾、タイ、インドネシア……いま盛り上がるアジア各国の市場や消費者の特徴・ポイントを豊富な実例で解説する。成功する商品・企業は何が違うのか？

1268
地域の力を引き出す企業
――グローバル・ニッチトップ企業が示す未来
細谷祐二

地方では、ニッチな分野で世界の頂点に立つ「GNT」企業の存在感が高まっている。その実態を紹介し、国や自治体の支援方法を探る。日本を救うヒントがここに！

1179
日本でいちばん社員のやる気が上がる会社
――家族も喜ぶ福利厚生100
坂本光司&坂本光司研究室

全国の企業1000社にアンケートをし、社員と家族を幸せにしている100の福利厚生事例と、業績にも確実によい効果が出ているという分析結果を紹介する。

1138
ルポ　過労社会
――八時間労働は岩盤規制か
中澤誠

長時間労働が横行しているのに、さらなる規制緩和は必要なのか？　雇用社会の死角をリポートし、「働きすぎの日本人」の実態を問う。佐々木俊尚氏、今野晴貴氏推薦。

1015
日本型雇用の真実
石水喜夫

雇用流動化論は欺瞞である。日本型雇用は終わっていない。労働力を商品と見て、競争を煽ってきた旧来の労働経済学を徹底批判。働く人本位の経済体制を構想する。